Vorhang auf für den Weltuntergang

John Barns

John Barns

Vorhang auf für den Weltuntergang

Willkommen in der Apokalypse

Science-Fiction-Roman

DeBehr

Herausgeber: Verlag DeBehr, Radeberg
Erstauflage: 2024
ISBN: 9783987272035
Grafiken erstellt über Midjourney.com

Inhalt

Vorhang auf

Egon war sauer. Schon der Morgen hatte für ihn schlecht begonnen, Gerade wollte er das warme Bett, in dem er noch kurz zuvor neben seiner Frau Erika gelegen hatte, verlassen, als er falsch auftrat und sich so den rechten Fuß verstauchte. Hätte er doch nur daran gedacht, seine Hausschuhe zur Seite zu stellen. Sein Schmerzensschrei ließ seine Frau erwachen.

„Was ist passiert?“, erkundigte sie sich noch schlaftrunken.
„Nichts, mein Liebes.“
„Und warum hast du dann aufgeschrien?“, fragte Erika nach.
„Ich bin auf die Hausschuhe getreten“, entgegnete er missmutig.
„Hast du sie mal wieder an die falsche Stelle gestellt?“
„Ja, habe ich“, entgegnete er mürrisch. Am liebsten hätte er sich wieder hingelegt, doch war es an der Zeit, sich zu erheben und ins Bad zu gehen. Ihm war so gar nicht nach einem Dialog mit ihr.
„Dann werde ich mal aufstehen und dir das Frühstück zubereiten“, stellte sie fest und erhob sich. Wäre es doch nur schon Wochenende, denn auch wenn sie schon lange mit Egon verheiratet war, so liebte sie es immer noch, wenn sie Zeit zum Kuscheln hatten. In diesen Stunden waren sie so glücklich, wie zum Anfang ihrer

Beziehung, doch hatte sich im Laufe der Jahre eine gewisse Routine breitgemacht. Vor allem seit ihre beiden Töchter auf der Welt waren. Gut, inzwischen waren sie aus dem Gröbsten raus, und auch wenn sie noch daheim lebten, so gingen sie ihre eigenen Wege.
Erika erhob sich, zog ihren Morgenmantel an und begab sich noch gähnend in die Küche, während er sich im Bad frischmachte und sich danach für die Arbeit anzog. Wie immer war sie zur Haustüre gegangen, um die Zeitung zu holen. Auch diese Unart hatte sich längst bei ihnen eingebürgert, auch wenn sie es nicht mochte, wenn er sie beim Frühstück las. Dass sie an diesem besagten Morgen eine Überraschung erleben solle, ahnte sie nicht.
Wie immer hatte sie den Tisch gedeckt und kaum, dass er sie mit einem flüchtigen Kuss begrüßte, hatte er sich an den Tisch gesetzt, wo sie ihm, wie immer den Kaffee eingoss. Als Nächstes nahm Egon die Zeitung und wollte schon den ersten Schluck aus seiner Tasse nehmen, als sie seine Verwunderung wahrnahm.
„Was soll das denn!?“, merkte er verärgert an. Sie sah zu ihm herüber. Was hatte Egon so verärgert, fragte sie sich. Statt eine Antwort zu erhalten, zeigte er ihr den Grund für seinen Unmut.
Zunächst fiel ihr nur die große Werbeanzeige auf der Frontseite auf. Dort stand in fetten

Lettern geschrieben:

**Liebe Mitbürgerinnen und Mitbürger,
heute Abend findet in unserem Kino um
20.00 Uhr die Uraufführung des Stückes
„Vorhang auf zum Weltuntergang“
statt. Wir bitten um zahlreiches Erscheinen.**

Wenn das alles gewesen wäre, hätte sich ihr Mann sicher nicht aufgeregt, also musste es etwas anderes sein. Sie schlug die Seite um und erst jetzt verstand sie ihren Mann. Denn die weiteren Seiten waren leer. So etwas hatte es noch nie gegeben, seit sie die Morgenlektüre lasen.

„Entweder gibt es keine neuen Nachrichten, oder der Druckerei ist die Farbe ausgegangen“, stellte sie nüchtern fest.

„Das glaube ich nicht, ich glaube eher an einen Streik der Drucker und das hier“, er zeigte auf die Zeitung, „ist eine Notausgabe. Immer wollen sie mehr Geld und wir kleinen Leute werden dafür bestraft und bekommen so einen Mist vorgesetzt“, beklagte er sich, während er den nächsten Schluck Kaffee zu sich nahm. Sie nickte verständnisvoll zu ihm herüber, da sie wusste, dass Egon morgens besonders den Lokalteil der Zeitung und die Sportseite las.

„Vielleicht sagen sie im Radio was über den

Streik“, merkte sie an und schaltete es ein. Doch auch hier sollte sie eine seltsame Überraschung erleben.
Statt der gewohnten Nachrichten hörte sie eine sich wiederholende Ansage:

„Liebe Hörerinnen und Hörer,
wegen der Aufführung des Stückes „Vorhang auf zum Weltuntergang“ haben wir unseren Sendebetrieb bis auf Weiteres eingestellt. Wir bitten um Verständnis.“

Kaum dass die Nachricht zu Ende war, erklang leise Musik. Kurze Zeit später wurde die Mitteilung wiederholt. Erika schaltete das Radio wieder aus.

„Vielleicht sollten wir auch mal wieder ins Kino gehen und uns das Stück ansehen“, stellte sie fest und sah zu ihm erneut herüber, wo sie sofort seinen ablehnenden Blick bemerkte.
„Ganz sicher werde ich heute Abend nicht ins Kino gehen, denn das Länderspiel wird übertragen“, stellte er unmissverständlich klar. Sie war enttäuscht. Immer dieser verdammte Sport. Sie konnte sich noch nie für Fußball begeistern. Für sie waren es nur paar Männer, die einem Ball hinterherliefen, um ihn, aus unerklärlichen Gründen, in einen Kasten mit einem Netz zu schießen. Warum ausgerechnet diese Sportart

Millionen von Männern und Frauen begeisterte, entzog sich ihrer Erkenntnis. Wie schon so oft würde sie sich zwar zu ihm setzen, jedoch nur um ihr Strickzeug zu nehmen und an dem bereits begonnen Pullover weiterzustricken. So war es immer gewesen, wenn er Fußball schaut, und so würde es auch bleiben.

„Vielleicht gehen ja Marita und Birgit mit mir ins Kino“, schlug sie vor. Anstatt zu antworten, nickte Egon nur geistesabwesend. Sie sah es als stumme Zustimmung an, auch wenn sie wusste, dass er ihr nicht zugehört hatte. Wenig später erhob er sich und verließ den Tisch.

„Bis heute Abend, mein Liebling“, sprach er zum Abschied und hauchte ihr einen Kuss auf die Wange. Dann verließ er das Haus. Nun war Erika allein und machte sich daran, das Geschirr vom Tisch zu räumen, als ihre älteste Tochter Marita zu ihr in die Küche kam.

„Guten Morgen Mutti, ist Vati schon gegangen?“, erkundigte sie sich.

„Ja, er ist gerade zur Türe raus“, bestätigte Erika.

„Schade, denn ich wollte ihn noch um einen Gefallen bitten“, stellte Marita fest und begab sich ins Esszimmer. Auch das war schon Routine, da sie wusste, dass ihr ihre Mutter nun das Frühstück zubereitete. „Etwas Musik, um fröhlich in den Tag zu starten, wäre jetzt nicht schlecht“ sprach sie laut und schaltete das

Radio ein. Wie zuvor Erika hörte sie nur die Bandansage.
„Vielleicht gibt es ja auf anderen Sendern Musik“, stellte sie fest. Doch egal welchen Sender sie auch einstellte, überall gab es nur diese Bandansage. Sie sah fragend und verunsichert zu ihrer Mutter, die gerade den Kaffee und eine Tasse für sie brachte.
„Weißt du, was das zu bedeuten hat?“, erkundigte sie sich bei ihr. Erika schüttelte den Kopf und gab ihr daraufhin die Zeitung, um ihr die große Anzeige zu zeigen. Nun verstand Marita gar nichts mehr. Versuchte da etwa jemand, die Medien zu beeinflussen oder gar zu zensieren? Sicher würde sie im Internet eine Antwort darauf finden. Sie nahm ihr Handy und rief eine der zahlreichen Suchmaschinen auf. Doch anstatt wie gewohnt unzählige Links zu finden, gab es auch dort auf der Startseite nur eine Meldung.

„Willkommen zum Stück „Vorhang auf zum Weltuntergang“
Nicht ein weiterer Link wurde angezeigt, und als sie in ihr Mailprogramm gehen wollte, fand sie dort nur eine Fehlermeldung mit einer kurzen Erklärung.
„Diese Seite ist derzeit wegen der Veranstaltung „Vorhang auf zum Weltuntergang“ nicht erreichbar. Sobald die Störung behoben ist,

können Sie sich wieder anmelden."
So etwas hatte Marita noch nie erlebt. Wie konnte so etwas sein?
„Ich rufe mal gerade eine Freundin an und frage nach, ob sie vielleicht Zugriff auf das Internet hat", gab Marita zu verstehen. Sie wählte eine Nummer und hörte kurz das Freizeichen. Also war es zumindest möglich zu telefonieren. Doch auch diese Hoffnung sollte sich schnell zerschlagen, denn bereits nach dem ersten Freizeichen meldete sich eine unbekannte Stimme.
„Ihre Verbindung, kann wegen einer Störung, ausgelöst durch den Hinweis auf das Stück „Vorhang auf zum Weltuntergang" nicht aufgebaut werden. Wir bitten um Verständnis. Bitte versuchen Sie es zu einem späteren Zeitpunkt noch einmal."
Danach ertönte das Besetztzeichen. Nun erschrak sich Marita doch und sah sich ängstlich um. Was war heute Morgen hier los? War sie etwa in eine Realityshow geraten, in der unbescholtene Bürger ohne ihr Einverständnis in eine beklemmende Situation gebracht wurden? Wo waren die Kameras oder die Mikrofone? Völlig verunsichert ging sie zu ihrer Mutter und nahm sie ängstlich in die Arme. Vielleicht fand sie ja hier Trost und Schutz. Erika nickte nur verständnisvoll.
„Ich kann dir nicht sagen, was los ist, aber seltsam ist die Sache schon", gab sie zu. „Ich hoffe,

das Ganze ist nur ein übler Scherz am Morgen. Du wirst sehen, heute Abend ist alles wieder in Ordnung", vertröstete sie ihre Tochter. Ihre Hoffnung sollte sich nicht erfüllen.
„Wenn ich schon nicht telefonieren oder chatten kann, werde ich mal zu meiner Freundin nach nebenan gehen", stellte Marita klar. „Vielleicht ist dort ja noch alles normal und es handelt sich nur um eine Störung bei uns", gab sie weiter zu verstehen.
„Das ist eine gute Idee. Sag mir Bescheid, wenn dem so ist", bat Erika.
„Ja das tue ich und wehe, ich bekomme heraus, wer uns hier manipuliert, der kann was erleben." Kurze Zeit später verließ ihre Tochter das Haus, um ihr Vorhaben in die Tat umzusetzen. Zum gleichen Zeitpunkt kam Birgit aus ihrem Zimmer, und wie ihre andere Tochter zuvor, erlebte sie die gleiche Situation. Was war hier los? Wer versuchte, ihnen Angst und aus welchem Grund zu machen? Die Antwort auf ihre Fragen würden selbst ihre schlimmsten Befürchtungen übertreffen.

Wenig später hörte Erika, wie die Haustüre geöffnet wurde. Anscheinend war Marita von ihrem Besuch bei den Nachbarn zurückgekehrt.
„Dort ist es nicht anders", berichtete ihre Tochter, noch bevor Erika fragen konnte. Was war hier heute los? Gestern war doch ihre kleine

Welt noch völlig in Ordnung gewesen. Und nun das? Vielleicht würde ja Egon, wenn er von der Arbeit zurückkehrte, eine Erklärung haben, zumindest hoffte Erika darauf. Der Gedanke, dass auch die Nachbarschaft manipuliert wurde, behagte ihr so gar nicht. Sicher, immer wieder gab es Versuche, Menschen in Angst und Schrecken zu versetzen, doch mit den modernen Möglichkeiten der Neuzeit ergaben sich neue, ungeahnte Wege der Irreführung. Sie konnte wirklich nur hoffen, dass der Spuk bald ein Ende fand. Daher beschloss sie, sich den anliegenden Hausarbeiten zu widmen und zu warten, bis ihr Mann heimkehrte.

Dies geschah gegen 17.00 Uhr. Erika vernahm, wie das Auto ihres Mannes vor dem Haus parkte. In wenigen Minuten würde er die Haustüre öffnen. Sie war gespannt, wie es ihm auf der Arbeit crgangen war. Sie kannte ihn ja schon sehr lange und konnte bereits am Schließen der Türe erkennen, wie Egon gelaunt war. Am heutigen Tage knallte er die Türe sehr laut zu, was darauf schließen ließ, dass er sehr schlecht gelaunt war.
„Immer diese verdammte Technik. Wehe man verlässt sich auf sie", hörte Erika ihn fluchen. Sie trat ihm entgegen und wollte ihn wie üblich begrüßen, als er sie mit einer schroffen Handbewegung abwies. Das tat er nur dann, wenn er

wirklich mies drauf war.
„Was ist denn passiert, dass du so fluchst?“, fragte sie ihn besorgt.
„Gar nichts ist los, und genau das ist es ja“, entgegnete er. Sie sah ihn fragend an.
„Nun erzähl schon, was los ist“, harkte sie nach. Er sah sie versöhnlich an. Vielleicht wäre es wirklich sinnvoll, ihr von seinen Erlebnissen zu berichten. Schon immer hatte ein Gespräch zwischen ihnen seine schlechte Laune verschwinden lassen. Gemeinsam begaben sie sich ins Wohnzimmer, wo sie sich auf das bequeme Sofa setzten. Dann sah er sie an und berichtete.

„Du weißt ja, als Angestellter der Finanzverwaltung muss ich oft bei Unklarheiten telefonieren.“ Sie nickte nur zustimmend.
„So war es auch heute, doch anscheinend ist das gesamte Telefonnetz zusammengebrochen. Egal welche Nummer ich auch wählte, überall gab es nur dieselbe Ansage.“
„Du meinst wegen der Veranstaltung heute Abend“, fiel sie ihm ins Wort. Er nickte, wobei er sie staunend ansah.
„Woher weißt du das?“, fragte er.
„Weil es bei uns nicht anders ist. Selbst der Mobilfunk und das Internet sind gestört. Was auch immer das mit der Veranstaltung zu tun hat, es ist den Veranstaltern gelungen, die völlige Kontrolle über die Medien zu übernehmen.“

„Und das nur wegen einer Aufführung im Kino, zu der ich auf keinen Fall gehe. Soweit kommt es noch, dass ich mich der Willkür der Werbung unterwerfe. Wenn der Spuk vorbei ist, werde ich einen gesalzenen Brief an die Bundesnetzagentur schreiben und mich beschweren“, stellte er in Aussicht.

„Ja, tu das, mein lieber Egon. Ich hoffe, du bist nicht der Einzige, der sich beschwert“, ermutigte sie ihn. „Jetzt aber komm erst mal essen.“ Er nickte, da er wusste, dass sie eine wunderbare Köchin war, was man seiner vollschlanken Figur deutlich ansah. Als sie bei Tisch saßen und gemeinsam das Mahl zu sich nahmen, kam Erika erneut auf die Veranstaltung zu sprechen.

„Ich würde mir das Stück sehr gerne ansehen, denn immerhin klingt der Titel sehr vielversprechend“, begann sie. Er sah sie entgeistert an.

„Du willst dich doch wohl nicht diesem Terror einer dahergelaufenen Bande von Spinnern beugen?“

„Wieso nicht? Ganz so dumm können sie ja nicht sein. Immerhin ist es ihnen gelungen, dass sie in aller Munde sind. Wenn du nicht möchtest, bitte ich unsere Töchter, mich zu begleiten. Dann kannst du in Ruhe deinen Fußball schauen“, gab sie zu verstehen. Er nickte. Ja, das stimmte natürlich, auch wenn er sich sicher ärgern würde, wenn seine Mannschaft das Spiel

verlieren sollte. Immerhin wäre das eine gute Ablenkung. Er sah auf die Uhr.
„Vielleicht haben sie ja schon einen Vorbericht zum Spiel“, stellte er fest und schaltete den Fernseher ein. Kaum dass die Mattscheibe leuchtete, sollte er sich erneut aufregen, denn statt des erhofften Berichts stand dort nur eine Mitteilung:

Liebe Zuschauer und Zuschauerinnen,
die Übertragung des heutigen Länderspiels müssen wir aus technischen Gründen absagen. Wir empfehlen Ihnen daher, sich in ihr örtliches Kino zu begeben, um dem Stück „Vorhang auf zum Weltuntergang“ beizuwohnen.

Als Egon das las, hätte er am liebsten den Apparat genommen und aus dem Fenster geworfen. Wie konnte jemand so dreist sein, dieses für Millionen Anhänger des Sports interessante Spiel wegen einer unbedeutenden Vorführung ausfallen zu lassen. Seine Wut stieg ins Unermessliche. Seine Pläne für den heutigen Abend waren hinfällig. Nun, hätte er vielleicht ein Buch lesen oder sich gleich ins Bett legen können, doch dafür hatte er einerseits keine Ruhe und andererseits war es dafür zu früh.

„Komm doch mit ins Kino“, schlug ihm Erika

vor. „Wir sind schon lange nicht mehr als Familie im Theater gewesen. Wenn dir das Stück nicht gefällt, können wir das Lichtspielhaus vorzeitig verlassen und irgendwo schön essen gehen“, bot sie ihm an. Schon wollte er protestieren und ihr klar zu verstehen geben, dass er keine Lust hatte, als er sich eines Besseren besann. Vielleicht würde sich ja bereits hier die Gelegenheit ergeben, seinen Unmut auszudrücken, und laut zu pfeifen, so wie er es immer tat, wenn ihm was nicht gefiel. So stimmte er letztendlich zu.
„Ich mache mich auch für den Abend besonders schick“, versprach ihm Erika mit einem verschwörerischen Lächeln im Gesicht, das jegliche Vermutung zuließ. Er lächelte sie verliebt an. Ja, er kannte seine Frau nur zu gut und wusste, wie stolz er war, wenn sie ihn an seiner Seite in der entsprechenden Aufmachung begleitete. Erika war einfach eine Augenweide und ein Genuss, sie anzusehen.

Sie erhob sich und begab sich ins Schlafzimmer, um dort das passende Kleid und Schmuck herauszusuchen. Danach würde sie ins Bad gehen, um sich ihren „Malkasten“, wie Egon ihren Schminkkasten scherzhaft nannte, zu nehmen und sich in eine wunderbare Fee zu verwandeln. Dafür, so wusste Egon aus Erfahrung, würde sie sicher einige Zeit benötigen. Auch war ihm bekannt, dass seine Gegenwart nur stören würde, da er stets auf Eile drängte. Für ihn war es ja viel leichter, sich herzurichten. Eben mal kurz waschen, rasieren, Hemd, Krawatte und Anzug anziehen, fertig war er. Warum machten Frauen auch immer solch einen Aufwand um ihr Aussehen, fragte er sich jedes Mal, wenn sie es tat. Sobald er dann das Ergebnis sah, verstand er sie. Bis sie fertig war, würde er sich etwas aufs Sofa legen und entspannen. Gerade wollte er seinen Gedanken in die Tat umsetzen, als seine beiden Töchter fast gleichzeitig heimkamen.

„Wo ist Mutti?“, fragte ihn Marita.

„Oben, im Schlafzimmer, sich herrichten“, antwortete er.

„Dann geht ihr also ins Kino? Dürfen wir mitkommen?“, fragte sie weiter. Er nickte zustimmend.

„Genauso hatten wir es geplant.“

„Ich freue mich schon drauf“, gab Birgit zu verstehen. „Dann kann ich endlich mein neues Kleid anziehen.“ Egon lächelte ihr zu. Ja, so waren seine Töchter. Immer wenn man gemeinsam ausging, verwandelten sich seine Frauen zu Paradiesvögeln, und er war der stolze Hahn im Korb zwischen diesen Schönheiten. Schon wollte er noch etwas sagen, doch waren seine Töchter bereits verschwunden. Nun endlich fand er Zeit, sich etwas auszuruhen, was sich allerdings schwerer als gedacht herausstellte, da von oben ein fröhliches „Geschnatter“ zu hören war. So fand er letztendlich kaum Ruhe.

Wie von ihm vorhergesehen, dauerte es fast eine Stunde, bis seine Frau und seine Töchter wieder auf der Bildfläche erschienen. So wie er es vermutet hatte, hatten sie sich herausgeputzt, als würden sie eine Audienz beim Bundespräsidenten haben. Dabei gingen sie doch nur ins Kino. Schon sah er, wie sich die Familie viel zu auffällig gekleidet hatte, da alle anderen Besucher es sicher vorzogen, eher schlichte, unauffällige Kleidung zu tragen. Um sich zumindest ansatzweise anzupassen, erhob er sich und begab sich ins Bad und danach ins Schlafzimmer, wo er sich, dem Anlass entsprechend, ankleidete. Erst danach gesellte er sich zu seiner Familie. Seine Frau musterte ihn. Auch das kannte er nicht anders. Ihrem Blick entging nicht der kleinste Fleck, und der kleinste Fehler. Sie hätte ihn sofort darauf aufmerksam gemacht. Am heutigen Abend schien sie nichts zu finden.

„Na dann lasst uns mal aufbrechen“, stellte er aufmunternd fest. Er öffnete formvollendet die Haustüre und ließ seine „Frauen“ heraustreten. Nachdem er die Haustüre sorgfältig verschlossen hatte, begaben sie sich zu Fuß auf den kurzen Weg zum Kino. Er konnte nicht ahnen, dass er sein Heim nie wieder sehen würde.

Auf ihrem Weg zum Lichtspielhaus blieben sie nicht allein, denn anscheinend zogen es auch die anderen Nachbarn vor, zu Fuß zu gehen. Schon recht bald war man eine lustige Gesellschaft, die sich lebhaft über die bevorstehende Vorstellung unterhielt. Natürlich bildete die Manipulation des Tages das Hauptgesprächsthema. Daher war es auch nicht verwunderlich, dass gerade die Männer sich darüber aufregten. So wie Egon hätten sie wohl lieber das Fußballspiel gesehen.
Den weiblichen Mitgliedern dieser lustigen Gruppe war es egal. Neben dem üblichen Tratsch, schien die neueste Mode das Thema des Abends zu sein. Beim Anblick der Frauen bat Egon innerlich um Abbitte, denn so wie seine eigene Frau hatten auch sie sich herausgeputzt, so als ginge man auf einen Festball. Er kam sich vor, wie ein notwendiges Anhängsel unter den Schönheiten, oder wie eine graue Maus inmitten wunderschöner Katzen. Dass es ihm nicht allein so ging, bemerkte er, als er die anderen Männer ansah. Auch sie hatten ausnahmslos einen Anzug angelegt, um so ansatzweise mit ihrer schlichten Eleganz den Anlass zu würdigen. Dann war es so weit. Sie standen vor dem Kino.

Oben, über dem Eingang, prangte auf weißem Untergrund in großen roten Buchstaben „**Vorhang auf zum Weltuntergang**“. Zudem wurde der Bereich des Eingangs von unzähligen Scheinwerfern angestrahlt, und auch der rote Teppich fehlte nicht, auf dem sich für einen Moment jeder Besucher wie der Star des Abends fühlen durfte. Das Schaulaufen der Eitelkeit war bereits in vollem Gange, als sie eintrafen. Selbst wenn Egon es nicht besonders mochte, so ließen es sich seine Frauen nicht nehmen, daran teilzunehmen und ihre Garderobe zu präsentieren. Um ihnen den Moment zu gönnen, beschloss er, zur Kinokasse zu gehen und Karten zu lösen. Er hoffte im Stillen, keine Karten mehr zu bekommen, und so der Vorführung zu entgehen. Schon schien sich seine Hoffnung zu erfüllen, denn es war niemand an der Kasse. Sie zerschlug sich jedoch, als er das kleine Schild sah.

Liebe Besucher,
die heutige Veranstaltung ist kostenlos. Bitte gehen sie in den Kinosaal und nehmen sie einen beliebigen Platz ein.

Egon war verwirrt, denn so oft er schon mit seiner Frau und der Familie das Kino besucht hatte, so war dies das erste Mal, dass es eine kostenlose Vorstellung gab. Kein Wunder also, dass viele diese Gelegenheit nutzten. Er begab sich zu seiner Familie zurück, die endlich den Weg ins Innere des Hauses gefunden hatte. Dort erklärte er ihnen, was er gesehen hatte.

„Dann sollten wir uns beeilen, damit wir noch gute Plätze bekommen", stellte Erika fest. Sie hakte sich bei ihrem Mann unter, um zusammen mit ihm und ihren Kindern die mit rotem Teppich ausgelegte Treppe bedächtig hinaufzugehen. Oben, am Eingang zum großen Saal angekommen, schaute sich Erika um. Tatsächlich erspähten ihre Adleraugen noch einige freie Plätze in der Mitte des Saales. Von dort aus hatte man sicher einen wunderbaren Blick auf die Bühne. Noch war sie durch einen samtroten Vorhang den Blicken der Besucher entzogen. Entschlossen begab sich die Familie unter ihrer Führung zu den angestrebten Plätzen, wo sie sich in den bequemen Sesseln niederließen. Noch herrschte allgemeines Gemurmel aus Hunderten von Stimmen im Saal. Das würde sich ändern, sobald das Licht gedimmt wurde und die Vorstellung begann. Allerdings kam es anders, als Erika es sich vorgestellt hatte. Nach wenigen Minuten erklang ein Gong, der um die Aufmerksamkeit der Besucher bat. Eine unsichtbare weiche, aber feste Stimme erfüllte den Raum.

„Sehr geehrte Gäste unserer Aufführung, wir begrüßen Sie recht herzlich zu unserer heutigen Veranstaltung. Da diese mithilfe neuester Technik erfolgt, die eine völlig neue Art der Aufführung ermöglicht, bitten wir jene, die unter Angst oder Panikzuständen leiden, den Saal zu verlassen. Ebenso jene die kein echtes Interesse an unserem Werk haben und lieber vorzeitig den Saal verlassen möchten. Hierfür geben wir Ihnen 5 Minuten Zeit. Danach werden die Türen verschlossen und erst am Ende der Aufführung wieder geöffnet. Wir bitten um ihr Verständnis., Um Ihnen einen kleinen Eindruck dessen zu vermitteln, was sie erwartet, wird nun mitten im Saal eine digitale Uhr erscheinen. Sobald dort die drei Nullen erscheinen, ist kein Verlassen des Saals mehr möglich. Wenn sie also gehen wollen, dann tun Sie es bitte unverzüglich."

Kaum hatte die Stimme geendet, als wie von Zauberhand die besagte Uhr über den Köpfen der Besucher erschien. Noch stand dort in großen roten Zahlen „5:00" zu lesen, doch nur um wenige Augenblicke später abwärts zu zählen. Der Countdown begann. Egon schaute sich um. So etwas hatte er noch nie gesehen und er fragte sich, wie es möglich war. Marita hatte es wohl bemerkt.

„Papa, das ist ein Hologramm", klärten sie ihn auf. Egon nickte nur zustimmend, auch wenn er

es nicht so recht verstand. Für ihn bedeutete Kino immer noch, dass alles, was gezeigt wurde, auf der großen, rechteckigen Leinwand erschien. Er war eben kein Kind der Neuzeit und lehnte solche Dinge ab. Wozu sollte ein in seinen Augen technischer Blödsinn auch gut sein. Das Althergebrachte war doch gut genug. Na, das konnte ja was werden, dachte er sich. Langsam näherten sich die Zahlen des Hologramms der Nulllinie. Die letzten 10 Sekunden wurden zusätzlich akustisch angezählt.
„Zehn, Neun, Acht, Sieben, Sechs, Fünf, Vier, Drei, Zwei, Eins, Null!“

Schlagartig erlosch das Licht im Raum. Das Gemurmel im Saal erstarb und alle Augen richteten sich auf die von unten angestrahlte Bühne. Langsam, so als wollten die Veranstalter die Spannung steigern, öffnete sich der Vorhang. Doch anstatt der bekannten weißen Leinwand sah man dort eine kleine, unscheinbare Kugel. Schon wollte sich Egon fragen, was das zu bedeuten hatte, als sich diese lautlos von ihrem Platz erhob und durch unsichtbare Kräfte mitten in den Raum über die Köpfe der Anwesenden begab, wobei sie ständig größer wurde. Je mehr sie an Volumen gewann, desto so vertrauter wurde das Gebilde. Wo hatte er sie schon einmal gesehen?, fragte sich Egon. Als die Kugel ihre endgültige Größe erreichte, wusste er es.

Es war die Erde! Die Kugel begann, sich zu drehen, so wie unser Planet es seit seiner Entstehung tat. Wie zur Unterstreichung seiner Feststellung war wieder die Stimme zu hören.

„Das ist unser Planet so wie wir ihn heute kennen. Er scheint so friedlich, und doch wütet unter ihm das Höllenfeuer aus jenen Tagen, da unser Planet entstand. Noch immer gibt es über 1.000 feuerspeiende Berge, von denen jedoch nur gut 500 aktiv sind. Alle anderen ruhen derzeit, doch können auch sie jederzeit ausbrechen. Bis dahin erfreuen sie uns mit ihrer besonderen Schönheit."

Die Stimme schwieg, doch die schwebende Kugel im Raum wurde größer und größer. Schon konnte man Einzelheiten auf ihrer Oberfläche erkennen. Da waren die schneebedeckten Gipfel der Berge, das Gelbbraun der Wüsten, das tiefe Grün der großen Waldgebiete. Die großen Flüsse der Erde wurden sichtbar. Für einen Moment zeigte sich so, wie wunderschön doch unser Planet ist. Schlagartig wechselte das Bild auf unseren Planeten und zeigte nun graue, schwarze Rauchschwaden und rotgelbe Feuerzungen, die aus den Kratern der Vulkane sich anschickten, den Himmel zu erobern. Wieder erklang die Stimme aus dem Nichts.

„Diese Eruptionssäulen zeigen jene unvorstellbaren Gewalten, die tief unter der Oberfläche ihren Ursprung haben. Mögen sie noch so zerstörerisch sein, so schenken sie uns doch auch fruchtbaren Boden. Im Schatten dieser feuerspeienden Berge leben über eine Milliarde Menschen. Gerade dort wo die Vulkane ruhen wird oft die lauernde Gefahr vergessen.“

Erneut zeigte die schwebende Kugel weitere Bilder von unglaublicher Schönheit. Als Erstes erblickten die Zuschauer im Saal den anmutigen Kegel des Fujiyama in Japan. Nur die Natur konnte solche Farben hervorbringen und wäre nicht die abgerissene Spitze des Berges gewesen, man hätte sich glatt in das Bild verlieben können.

„Seit über 400 Jahren ruht Japans heiliger Berg. Rund um den Berg leben weit mehr als vierzig Millionen Menschen. Würde er heute ausbrechen, so würde es zum größten Verlust an Menschen führen, seit sie die Erde bevölkern. Dennoch lieben die Japaner ihren Berg und verehren ihn.“

„Was soll das alles? Will man uns hier etwa in Geologie unterrichten? Anstatt so etwas zu zeigen, könnten sie doch einen unterhaltsamen Spielfilm zeigen“, unterbrach Egon seine Frau, die wie gebannt auf die Bilder starrte. Doch anstatt ihm zu antworten, verharrte sie weiterhin stumm, so als hätten die Bilder eine hypnotisierende Wirkung auf sie.

In den folgenden drei Stunden erlebten die Zuschauer dieser Vorführung ein Horrorszenario nach dem anderen. Es schien so, als wollten die Veranstalter ihnen zeigen, wie zerbrechlich unser kleiner, aber einzigartiger Planet doch war. Im letzten Teil der Vorführung zerbarst die kleine blaue Kugel in einer gigantischen Explosion. Bis zu diesem Ereignis hatte die Veranstaltung längst alle Besucher in ihren Bann gezogen und auch Egon blieb davon nicht unberührt. Sein Pessimismus und Unmut war der Faszination der Geschehnisse gewichen. Sprachlos und staunend hatte er die Geschehnisse verfolgt, die sich direkt über seinem Kopf und inmitten des Saales so plastisch abgespielt hatten, dass es ihm vorkam, als sei er nicht nur Zuschauer, sondern mitten in der Geschichte. Vielleicht, so beschlich ihn die Erkenntnis, war die neue Technik ja doch nicht so schlecht.

Er wurde in seinen Gedanken unterbrochen, denn schlagartig, sodass es bereits wehtat, wurde das Licht eingeschaltet. Da dies ohne jegliche Vorwarnung geschah, wirkte es auf die Zuschauer wie ein Schock, der ihnen entsetzliche Kopfschmerzen bereitete. Irritiert und völlig verängstigt sah er seine Frau und die Töchter an. In ihren Augen sah er die pure Angst. Dabei war es doch nur ein Film gewesen, oder doch nicht? Seine Sinne waren völlig durcheinander. Was wäre, wenn das Gezeigte mehr als nur eine perfekte Illusion war? Was wenn dies die nahe Zukunft darstellte? Schon wollte er sich erheben und seine Familie bitten, es ihm gleich zu tun, als sich erneut die unsichtbare Stimme vom Anfang der Vorführung meldete.

„Verehrte Anwesende", begann sie zu sprechen ... Das was Sie heute gesehen haben, mag Ihnen fantastisch vorkommen. Dies stimmt insoweit, da wir viele der Geschehnisse erfunden haben."

Schon wollte Egon aufatmen, als sich die Stimme erneut meldete:
„Bis auf ein Szenario!"

Damit hatte niemand im Saal gerechnet und sicher fragten sich viele der Zuschauer, welche der gezeigten Untergangsszenarien die Stimme meinte. Statt darauf eine Antwort zu geben, fielen die Vorhänge in Saal lautlos zu Boden. Doch anstatt den Blick auf die tristen Wände des Kinosaals freizugeben, blickten die Anwesenden durch riesige Fenster. Ihren Augen bot sich der Blick aus dem All auf eine lautlos schwebende Kugel, die dabei war, sich in einem gigantischen Feuerball aufzulösen.

„Sie sind die Überlebenden der Katastrophe. Sie befinden sich nicht mehr auf der Erde, sondern in einem Raumschiff, das sich, zusammen mit vielen anderen, auf den Weg macht, eine neue Heimat für die Menschheit zu finden. Sie bilden den Anfang jener Reise, die noch tausende von Jahre dauern wird."

Die Stimme hatte aufgehört zu sprechen. Verwirrt sahen die Menschen durch die riesigen Scheiben, wo sie weitere Objekte sahen, die, so wie das eigene, sich aufmachten, den Ort, wo einst die Erde war, zu verlassen. Nur schwer war der Gedanke zu ertragen, dass sie die erste Generation waren, die ihren fernsten Urenkeln die Möglichkeit bot, irgendwo in den Tiefen der Unendlichkeit eine Heimat zu finden, um erneut anzufangen!

Die Hölle!

Jerrys Leben war stets so verlaufen, dass er ständig mit dem Gesetz in Konflikt geriet. Schon als Kind hatte er damit begonnen und anderen Kindern etwas mit Gewalt weggenommen, nur weil er es haben wollte. Trotz aller Strafen hatte ihn dieses Verhalten nie davon abgehalten, es immer wieder zu tun. Je älter er wurde, umso mehr war er davon überzeugt, dass nur der Stärkere gewann und sich nehmen konnte, was immer er wollte. Schon als 15-Jähriger hatte er eine Strafakte, wie sie selbst mancher Schwerverbrecher nicht aufweisen konnte. Raub, schwerer Raub, Körperverletzungen, all jene strafbaren Delikte fanden sich schwarz auf weiß niedergeschrieben und sobald er erneut vor Gericht stand, wurden sie ihm vorgehalten. Anfangs war er stets mit Bewährungsstrafen und Auflagen wegen seines jungen Alters davongekommen. Doch kaum war er in die Zeit des Wandels zwischen dem Kind und Heranwachsenden gekommen, wurden auch die Strafen drastischer. Schon bald fand er sich im Jugendarrest wieder, wo er mit anderen jungen Straftätern zusammentraf. Dass es hier nicht immer sanft zuging, sollte er rasch erfahren. Die Gewalt und Repressalien im Knast bestärkten ihn in seiner Ansicht, dass er sich nur so Respekt und Achtung verschaffen konnte.
Dank seiner kräftigen Gestalt und Kraft gelang es ihm hier, sich zu behaupten und er begann

selbst damit, andere Mitinsassen zu verprügeln oder zu demütigen. Das verschaffte ihm die Genugtuung und den Respekt der anderen. Er gehörte eben zu jenen, von denen man in der Gesellschaft annahm, dass sie sich niemals ändern würden.

Wie recht sie damit hatte, zeigte sich jedes Mal, wenn er in Freiheit kam. Kaum dem Schutz der Vollzugsanstalt entkommen, sollte sich zeigen, dass er keine Perspektive im normalen Leben finden sollte. So sehr er sich auch bemühte, ein normales Leben zu führen und sich auf die Suche nach einem Job machte, um diesen Traum zu verwirklichen, so gab es für ihn anscheinend keinen. Sein Ruf als gewalttätiger Jugendlicher eilte ihm voraus, um sich wie eine unüberwindbare Barriere gegen jede Veränderung in seinem Leben zu stellen. Egal, was er versuchte und welch miserable Tätigkeit er annehmen würde, niemand gab ihm die Möglichkeit, ein straffreies Leben zu führen.
Um dennoch zu überleben, verfiel er wieder in seine alten Gewohnheiten, was ihn letztendlich erneut vor den Richter und damit in eines der zahlreichen Gefängnisse brachte. Dies schien seine Bestimmung und sein Schicksal zu sein. Um möglichst schnell wieder in Freiheit zu gelangen, lernte Jerry schnell, sich das Wohlgefallen der Wärter und Direktoren der Gefängnisse

zu seinem Vorteil zu nutzen.
Anstatt sich daher wie früher mit Gewalt seinen Platz unter den Gefangenen zu sichern, half er nun jenen, die unter der Unterdrückung litten, die ihm einst gegolten hatte. Mit diesem Trick wurde man rasch aufmerksam und bescheinigte ihm nach einem Teil der abgesessenen Strafe eine resozialisierte Lebensweise. So erlangte er seine Freiheit vor Ablauf der Strafe zurück.
Doch anstatt diese Art zu leben weiterzuführen, verfiel er nach geraumer Zeit in seine alten Gewohnheiten. Sicher, die Gesellschaft trug ihren Teil mit dazu bei, dass er es tat, denn egal, wo er auch hinzog, überall begegnete man dem Fremden mit Argwohn und Misstrauen. Schon schien sich der Fluch seines Lebens fortzusetzen, als er Mary kennenlernte.

Als ob ihm das Schicksal einen letzten Wink geben wollte, sich zum Guten zu verändern, fand er bei ihr jenes Leben, von dem er im Grunde immer geträumt hatte. Sie war es auch, die ihm half, eine Anstellung als Lagerarbeiter zu finden und damit die Möglichkeit bekam, ein normales, wenn auch bescheidenes Leben zu führen. Es kam, wie es kommen musste. Die beiden verliebten sich ineinander und so beschloss er bereits nach einem halben Jahr, bei ihren Eltern um ihre Hand anzuhalten. Nie hatte er den Moment vergessen, da er vor der Haustüre des gutbürgerlichen Hauses stand und mit klopfendem Herzen klingelte. Ihm wurde geöffnet und Marys Vater, ein Mann in den Fünfzigern, öffnete die Türe.

„Da ist ja der junge Mann, von dem meine Tochter so schwärmt“, stellte er wohlwollend aber dennoch prüfend fest. Damit hatte Jerry nicht gerechnet, denn bisher hatte er stets Ablehnung erfahren. Überrascht fing er an zu zögern.
„Nun, was ist, junger Mann, wollen sie nicht hereinkommen?“
„Verzeihen sie, Sir, aber ich bin von ihrer Art etwas überwältigt“, gab Jerry ehrlich zu und lächelte den Mann an.
„Wieso denn? Wir sind ganz einfache Leute und so wie uns Mary sagte, sind sie ein aufrichtiger und ehrlicher Mann, den sie liebt.“
„Das stimmt, Sir, und darum bin ich auch heute hier um.“
„Das sollten wir drinnen besprechen“, wurde er unterbrochen. „Also dann mal rein in die gute Stube.“ Der Mann hob einladend die Hand und nur zu gerne folgte er der Einladung.
Drinnen angekommen sahen seine Augen die typische Einrichtung einer Familie im mittleren Westen einer Kleinstadt. Früher hätten ihn vielleicht jene Gegenstände interessiert, die es sich lohnte zu rauben, doch diese Zeiten waren

endgültig und für immer vorbei. Sein einziges Begehren war Mary.
Im gemütlichen Wohnzimmer angekommen sah er seine Geliebte und auch ihre Mutter, die ihn freundlich anlächelte.

„Da sind Sie ja, junger Mann. Ich muss gestehen, unsere Tochter hat wirklich Geschmack."
„Danke für die herzliche Aufnahme und den Empfang. Ja, ich gebe zu. Ich liebe ihre Tochter und sie mich."
„Das hat sie uns schon berichtet und trotzdem kann ich mir vorstellen, dass es für sie nicht einfach war, heute hierher zu kommen."
„Auch das stimmt. Ich gebe zu, es ist ein schwerer Schritt für mich, heute bei ihnen zu sein, doch Mary zuliebe habe ich es getan.
„Vergessen sie das „Sie", ich bin Julian und das ist mein Mann Frank. Schließlich gehörst du schon bald zur Familie."
„Ich bin Jerry, aber das wissen sie sicher schon von Mary." Die Frau nickte und bat ihn, am Tisch Platz zu nehmen, wo bereits Teller und Tassen bereitstanden, um gemütlich Kaffee zu trinken.
„Ich hole noch rasch Kaffee und Kuchen", bemerkte die Frau und begab sich in die Küche. Während sie dies tat, blickte ihr Vater ihn prüfend an.
„Na, dann erzählen sie mal, was sie bisher so

gemacht haben und warum sie meine Tochter so sehr lieben, das sie wohl heute um ihre Hand anhalten wollen.“ Jerry zögerte. Was wäre, wenn er über seine kriminelle Vergangenheit berichten würde. Sicher würde man ihn bitten, sofort das Haus und damit Mary zu verlassen. Daher erdachte er sich eine mitleiderregende Geschichte, von der er sicher war, dass man sie ihm abnahm und die Zustimmung für ein Leben mit Mary erteilte.

Er erzählte von einer schweren Kindheit, seinen Aufenthalten in verschiedenen Heimen und wie er sich durchs Leben geschlagen hatte. Das alles schmückte er so plastisch aus, dass es real klang. Dabei war das meiste reine Fantasie. Die Gefängnisse, in denen er viel Zeit verbracht hatte, verwandelten sich in jene Heime, von denen er berichtete. Daher fiel es ihm leicht, die Tatsachen zu verdrehen. Ebenso verhielt es sich mit dem Leben auf der Straße, das er mit Diebstählen finanzierte. Nie aber gelang ihm jener Coup, der ihm ein sorgenfreies Leben ermöglicht hätte. Stets waren es nur die Brieftaschen einfacher Menschen, die er sich unter Androhung von Gewalt aneignete. Um nicht gefasst zu werden, zog er so oft wie möglich um und wanderte so von Ort zu Ort, von Staat zu Staat. Wie die Raubritter des Mittelalters vagabundierte er lange Zeit. All das behielt er für sich. Letztendlich aber erkannte er, dass er auf Dauer so nicht weiterleben konnte und beschloss, sich an einem Ort niederzulassen und sesshaft zu werden. Dass er Mary kennenlernte, schien wie eine Fügung. Sie gab ihm all das, was er sich ersehnte. Sie half ihm, sein ruheloses, kriminelles Leben aufzugeben. Über seine Vergangenheit legte er den Mantel des Schweigens, in der Hoffnung, dass es nie wieder ans Tageslicht kam. So hatte er auch ihr von einem Leben berichtet, das von Anfang bis Ende auf einem Gerüst aus Lügen bestand. Ja, es gefiel ihm regelrecht, eine Person zu sein, die er niemals war. Jedes Mal wenn sie mehr über ihn wissen wollte, begab er sich in diese Scheinwelt, die sich seinem geistigen Auge offenbarte. Es war ja so leicht, sich dieser Illusion hinzugeben. So war es auch an diesem Tag bei ihren Eltern gewesen. Die Inszenierung schien perfekt und glaubhaft zu sein, denn er fand Mitleid für sein Schicksal. Als seine Geschichte endete, wusste er genau, dass es ihm gelungen war, sie auf seine Seite zu ziehen, denn sie sahen ihn freundlich und verständnisvoll an.

„Nun gut, Jerry. Es tut uns leid, was dir im Leben widerfahren ist, aber wir glauben, dass Mary mit dir glücklich wird. Möget ihr beiden eine Verbindung erfahren, die dazu beiträgt, dass du hier in unserer kleinen Gemeinde ein anständiges Leben führen kannst.“ Jerry atmete auf. Also war es ihm gelungen, sie von sich zu überzeugen. Dann sah er Marys Augen, in denen sich alles Glück der Erde widerspiegelte. Würde nun doch alles wieder gut werden? Würde sie ihm helfen, sein altes Leben zu vergessen und einen Neuanfang ermöglichen, so wie er es sich immer gewünscht hatte? Es schien so, freudestrahlend kam sie auf ihn zu, um ihn zu umarmen und leidenschaftlich zu küssen.

„Ja, ja, die junge Liebe“, stellte ihre Mutter schmunzelnd fest und sah ihren Mann liebevoll an. „Erinnerst du dich, wir waren einst nicht anders.“ Frank lächelte sie an, als er daran dachte. Zugleich spürte er dieses besondere Ziehen am Herzen und verliebte sich neu in seine Frau.

Den Rest des Nachmittags verbrachten sie damit, Jerry besser kennenzulernen, was diesem nicht gerade leicht fiel. Zu schnell konnte er in jene Fallstricke geraten, die er selbst ausgelegt hatte. Daher überlegte er sich jede Äußerung, die er machte, ganz genau. Als er sich verabschiedete, war er sich sicher, dass er endlich am Ziel war. Er würde sich hier ein neues Leben aufbauen.

Wenige Wochen später war es so weit: Jerry heiratete seine Mary. Da es den beiden finanziell nicht so gut ging, boten ihnen ihre Eltern an, in das Obergeschoss ihres Hauses zu ziehen, was das junge Paar nur zu gerne annahm. Alles schien in bester Ordnung zu sein, denn Jerry wurde rasch auf seiner Arbeitsstelle sehr beliebt, da er oft mehr leistete als seine Kollegen. Das bemerkte auch sein Chef und bot ihm eines Tages die Stelle des Vorarbeiters an. Natürlich sagte er mit Freuden zu, denn dank der besseren Entlohnung würde er sich und seiner Frau ein eigenes Heim und vielleicht auch Kinder leisten können. Schließlich wollte das Paar nicht auf Dauer bei ihren Eltern wohnen. Alles schien sich zum Guten zu wenden, doch ahnte Jerry nicht, dass ihn der Schatten seiner Vergangenheit einholen würde.

Es geschah an einem ganz gewöhnlichen Arbeitstag, als ein Mann, den noch niemand zuvor je im Ort gesehen hatte, auf seiner Arbeitsstelle erschien und sich nach Jerry erkundigte. Kaum dass Jerry diesen Mann sah, ahnte er, dass es Probleme geben würde, denn ihm war er nicht unbekannt, sondern im Gegenteil sehr vertraut. Es handelte sich um Louis, einem Mitinsassen aus dem Gefängnis. Mit ihm hatte er geraume Zeit in einer Zelle verbracht. Nun also erschien ausgerechnet er auf dem Schauplatz seines neuen Lebens. Sofort wurde ihm klar, dass Unheil drohte.
„Was machst du denn hier?“, fuhr er ihn in leisem Ton an, sodass es niemand anderes mitbekam.

„Ich bin auf der Durchreise, als ich davon hörte, dass du hier lebst und ich dachte mir, ich statte meinem alten Kumpel doch einen kleinen Besuch ab.“

„Nun, du hast mich gesehen, doch verschwinde bitte nun auch wieder“, forderte Jerry.

„Das würde ich sicher gerne tun, doch bin ich derzeit knapp bei Kasse und dachte mir, vielleicht hilft dir ja dein alter Freund Jerry aus der Patsche. Mir ist zu Ohren gekommen, dass es dir inzwischen recht gut geht und dass du auch eine nette Frau hast.“

„Ja, ich habe mit meiner Vergangenheit abgeschlossen, aber das heißt nicht, dass ich dir helfen kann. Tue mir also den Gefallen und verschwinde!“

„Das tue ich, sobald du mir zehntausend Dollar gibst. Nenne es Schweigegeld, oder wie auch immer, da ansonsten dein Chef und dein geliebtes Frauchen erfahren werden, wer du wirklich bist.“

„Ich habe nicht so viel Geld.“

„Dann besorge es und zwar rasch. Ich gebe dir eine Woche Zeit. Bis dahin werde ich mich gedulden, doch danach …“

„Das schaffe ich nicht. Woher soll ich das Geld nehmen?“ Louis sah sich um. Er sah jene Kisten und Kartons, die sich hier überall stapelten. Vielleicht enthielten sie ja wertvolle Dinge, die man schnell zu Geld machen konnte. Genau

diesen Vorschlag unterbreitete er Jerry.
„Ich helfe dir auch dabei, die Sachen zu verscherbeln“, sprach Louis mit einem breiten Grinsen, so als wäre es das Normalste auf der Welt.
„Du bist doch wahnsinnig“, stellte Jerry fest. „Ich werde mich auf keinen Fall darauf einlassen.“
„Deine Entscheidung. Dann sieh zu, dass du die Kohle beschaffst. Ansonsten weißt du ja, was passiert. Ich verlasse dich nun mein alter Freund, aber ich werde dich im Auge behalten. Bis in einer Woche.“ Louis klopfte ihm noch einmal freundschaftlich, aber mit einem entschlossenen Blick, auf die Schulter und verließ Jerrys Arbeitsstelle.

In den folgenden Tagen veränderte sich Jerrys Gemütszustand zusehends. Er wusste, dass Louis es ernst mit seiner Drohung meinte und sie umsetzen würde. Wie ein gejagtes Tier fand er keine Ruhe, was auch seine Frau bemerkte. Je näher der Termin kam, umso gereizter wurde er.

„Was ist los mit dir, Jerry. Was ist vorgefallen, dass du plötzlich so anders bist?“, stellte sie ihn drei Tage vor Ablauf des Ultimatums zur Rede. Jerry zögerte, auch wenn er ihr am liebsten alles gebeichtet hätte. Doch war die Angst, sie zu

verlieren, größer als die Wahrheit. So erfand er erneut eine glaubhafte Geschichte, von der er hoffte, dass sie es glaubte. Er berichtete von gesundheitlichen Problemen und der Angst, dadurch seinen Job zu verlieren. Stillschweigend hatte Mary zugehört.
„Bist du schon beim Arzt gewesen?", fragte sie nach.
„Ja sicher bin ich das, aber die Behandlung ist sehr teuer", gab er zu verstehen.
„Wie teuer?".
Ich soll zehntausend Dollar bezahlen und das bis Ende der Woche", log er ihr vor. Mary sah ihn entsetzt an, denn sie wusste genau, dass weder er noch sie oder ihre Eltern über eine derartige Summe verfügten.
„Vielleicht hilft dir ja dein Chef. Schließlich hält er viel von dir, da er dir ansonsten nicht die Stelle als Vorarbeiter angeboten hätte", schlug sie vor.
„Daran habe ich auch schon gedacht und ihn gefragt, doch leider hat er abgelehnt", log er weiter. „Auch bei der Bank war ich schon, doch kann ich ihnen keine Sicherheiten anbieten und so wurde ein Kredit abgelehnt", begründete er. Auch das war durchaus logisch, denn ohne Sicherheiten gab es kein Geld. Das wusste auch sie. Sie sah ihn besorgt an und bemerkte die Angst in seinen Augen. War er wirklich schon so krank vor Sorge um seine Gesundheit? Um

was für eine Krankheit handelte es sich? Hatte er vielleicht Krebs im fortgeschrittenen Stadium, und warum wollte sein Arzt das Geld bis zum Ende der Woche? Irgendwie passte das nicht zusammen. Außerdem wich er konkreten Fragen nach seinem Zustand aus, was sie noch stutziger machte. Anstatt ihm zu sagen, was ihr auffiel, beschloss Mary, auf eigene Faust zu handeln.

Am folgenden Tag begab sie sich zu jenem Arzt, den er genannt hatte. Hier erfuhr sie zu ihrem Erstaunen, dass Jerry nie bei ihm gewesen sei und er auch nie eine Krankheit bei ihm diagnostiziert hatte.

„Ihr Mann ist kerngesund, soweit ich das sagen kann", bekam sie zu hören. Spätestens jetzt erkannte sie, dass Jerry sie belogen hatte. Hatte er vielleicht auch mit den anderen Dingern gelogen? Sie musste es erfahren, denn mit einer Lüge konnte sie nicht weiterhin mit ihm zusammenleben. Zunächst ging sie zur Bank und erkundigte sich dort nach seinem Kreditantrag. Wie erwartet wusste man nichts von einem solchen Gespräch. Sie hatte es geahnt. Wofür aber brauchte er zehntausend Dollar? Welches dunkle Geheimnis hatte Jerry? Sie wollte es wissen, auch wenn es zum Ende ihrer Beziehung führen würde. Sie würde nun noch seinen Chef befragen, um letzte Gewissheit zu bekommen. Kaum hatte sie den Gedanken zu Ende gedacht, beschloss sie, ihn in die Tat umzusetzen.

Verwundert stellte Jerry fest, dass seine Frau unangemeldet in der Firma erschien und sich zu seinem Chef begab. Würde nun alles auffliegen und sein bisheriges Leben in einem Scherbenhaufen enden? Das musste um jeden Preis verhindert werden. Schnellen Schrittes eilte er zu ihr, um sie daran zu hindern, in das Büro seines Chefs zu gelangen.
„Was machst du denn hier und was willst du von meinem Boss?“, erkundigte er sich scheinheilig, auch wenn er ahnte, dass längst alles aufgeflogen war.
„Ich wollte versuchen, mit ihm wegen der zehntausend Dollar zu reden. Vielleicht reicht es ja, wenn ich es tue“, rechtfertigte sie sich.
„Das brauchst du nicht, Liebling“, sprach er mit einschmeichelnder Stimme. „Ich werde das Geld schon anderweitig auftreiben“, versucht er sie zu trösten.
„Ach ja?“. Er spürte, dass Mary längst ahnte, dass er gelogen hatte. „Ich weiß, dass du weder krank bist noch bei der Bank warst“, offenbarte sie ihm. „Nun wollte ich noch wissen, ob auch das Gespräch mit deinem Chef eine Lüge war. Du wirst mich nicht daran hindern, also gehe mir aus dem Weg und lasse mich ins Büro!“. An

ihrer eiskalten Stimmlage und ihrem Blick erkannte er, dass sie es sehr ernst meinte. Schlagartig spürte er die Nebel der Verzweiflung in sich. Nein, niemals durfte sie die Wahrheit erfahren, koste es, was es wolle. Er packte sie fest an ihren Schultern, um sie daran zu hindern. Doch so einfach gab Mary nicht auf und begann zu schreien und sich zu wehren.
„Lass mich los, Jerry!"
„Nein, das kann und darf ich nicht!" In seinem Wahn das Schlimmste zu verhindern vergaß er sich und schleuderte sie mit all seiner Kraft fort. Dabei prallte sie gegen eines der stählernen Regale, wo sie bewusstlos zusammensackte. Erst jetzt bemerkte er, was er getan hatte. Schon kam sein Chef aus dem Büro und auch seine Arbeitskollegen näherten sich dem Tatort. Spätestens jetzt würde sein bisheriges Leben enden, da er ahnte, dass er seiner Frau mehr angetan hatte, als er wollte. Dabei hatte er doch seiner Ansicht nach nur aus Notwehr gehandelt, um sein Lügengerüst zu schützen.
„Was haben Sie getan!?", fuhr ihn sein Chef an. Statt zu antworten, sah Jerry nur noch einen Ausweg. Er musste fliehen! Wie ein wild gewordenes Tier stürmte er aus der Halle ohne sich auch nur einen Augenblick seiner verletzten Frau zu widmen. Er sah nichts mehr vor seinen Augen als die pure Angst. Nur weg hier!
Während Jerry so versuchte, sich seiner Tat zu

entziehen, hatte sein Chef unverzüglich gehandelt und die Polizei gerufen. Innerhalb kürzester Zeit wurde nach ihm gefahndet und er letztendlich gefasst. Man würde ihn vor Gericht wegen Mordes anklagen. In diesem Bundesstaat gab es noch die Todesstrafe, sofern ihn die Geschworenen für schuldig erachteten. Bis dahin brachte man ihn in eine Zelle, wo er Zeit fand, über sein Handeln nachzudenken. Die Zeit bis zur Verhandlung wurde für ihn zu einem Albtraum. Immer wieder erschien das Gesicht seiner Frau vor seinen Augen.

„Warum hast du es getan, warum mir nie die Wahrheit über dein Leben gesagt?“, hörte er ihre Stimme. Immer wieder hatte er diesen Traum. War es etwa ihr unruhiger Geist, der erst dann Ruhe finden würde, wenn er verurteilt war? Je länger es bis zum Prozess dauerte, umso schlimmer wurde es. Er hoffte, dass es bald so weit war. Dann kam jener Tag, auf den er gewartet hatte.

Er wurde in Hand- und Fußfesseln in den Saal gebracht, wo ihm die Anklage wegen Mordes vorgelesen wurde. Da er sich keinen teuren Verteidiger leisten konnte, wurde ihm ein Pflichtverteidiger zur Seite gestellt. Dass dieser überhaupt kein Interesse an seiner Verteidigung hatte, bemerkte er recht bald, da er keine entlastenden Argumente vorbrachte, um von einem Urteil für Mord auf Totschlag zu plädieren.

Dass er schuldig war, stand längst fest. Schließlich gab es genug Zeugen für die Tat. Einzig allein der Grund für seine Tat blieb verborgen. Als Jerry das letztendlich erläuterte, war es bereits zu spät. Daher dauerte auch die Beratung der Geschworenen weniger als eine Stunde. Er wurde schuldig gesprochen und die Strafe würde seinen Tod auf dem elektrischen Stuhl bedeuten. Direkt aus dem Gerichtssaal wurde er ins Bezirksgefängnis, in jenen Trakt überführt, wo jene saßen, die ebenfalls diese Strafe erwarteten.

In den folgenden Wochen bekam Jerry immer wieder mit, wie das aufflammende und grelle Licht der einzigen Glühbirne in seiner Zelle heller wurde. Ihm war klar, dass dies durch den Generator geschah, der für die Spannung am Gerät des Todes sorgte. So viel wusste er längst. Was er nicht wusste, waren jene Qualen, die ihm zugefügt wurden, wenn der Strom durch seinen Körper jagte. Die Zeit zu seiner Hinrichtung und damit für sein Leben begann abzulaufen. Zwei Tage vor seiner Vollstreckung wurde er über den Termin informiert. Somit hatte er noch zwei Tage Zeit, sich darauf vorzubereiten. Am Abend vor seiner Hinrichtung brachte man ihn in eine besondere Zelle direkt in der Nähe des berüchtigten Stuhls. Man bot ihm geistigen Beistand und auch ein Beruhigungsmittel an.

Beides lehnte er ab, auch wenn es hieß, dass Letzteres dafür sorgen würde, dass er nicht viel von seinem Sterben mitbekommen würde. Die Nacht verging und Jerry dachte ein letztes Mal über sein chaotisches Leben nach. Vielleicht war es besser so, dass es endete und wenn man den Geistlichen glaubte, gab es nach dem Tod noch Vergebung. Dann war es so weit.

.

Seine Zelle wurde geöffnet und er gelangte mit wenigen Schritten in den Hinrichtungsraum, wo er den Stuhl aus Eiche und die Kabel sah. Man schnallte ihn an Armen und Beinen fest und legte die Elektroden an. Als Letztes legte man ihm eine Haube an, die sein Gesicht während der Hinrichtung verbarg. Niemand sollte das schmerzverzerrte Gesicht des Delinquenten und damit die Grausamkeit dieser Hinrichtungsart sehen. Als Letztes spürte er, wie ihm ein feuchter Schwamm und die Elektrode auf den Kopf gesetzt und mit Lederschnüren unter seinem Gesicht befestigt wurden. Der letzte Akt seines irdischen Lebens begann.

Urplötzlich und ohne jede Vorwarnung schossen grelle Blitze durch seinen Körper, der sich nun trotz aller Maßnahmen spannte. Nach gut dreißig Sekunden schaltete man den Strom ab, um sich zu vergewissern, dass es vollbracht war. Doch Jerry lebte noch. Erneut wurde der

Strom eingeschaltet, um es zu beenden. Mitten in seinem aussichtslosen Todeskampf erschien es ihm, als würde sich plötzlich eine unbekannte Person neben ihn stellen. Dann endete jeder Schmerz und Jerry sah, wie er seinen Körper verließ. So also war das mit dem Tod. Er hatte es sich schlimmer vorgestellt. Da war plötzlich die Stimme und die unbekannte Gestalt. Ob sie männlicher oder weiblicher Natur war, konnte er nicht feststellen, denn die Gestalt wurde von einem grellweißen Tuch umhüllt.

„Folge mir Jerry“, forderte sie ihn auf. Wie aber sollte er das tun, er konnte doch nicht gehen? Die Antwort überraschte ihn, denn ein Sog erfasste ihn. So also war das nach dem Tod. Das ist ja besser als das Leben, stellte er mit Genugtuung fest. Die Gestalt führte ihn durch ein Meer aus Licht in den verschiedensten Farben. War das der Himmel? Trotz aller Skepsis gelang es ihm, diese Frage zu stellen, doch bekam er keine Antwort. Immer weiter ging seine geistige Reise. Sie schien kein Ende zu nehmen und doch schien es ihm so, als hätte die Gestalt ein bestimmtes Ziel.
Urplötzlich fand er sich in einen großen Kinosaal, so wie er ihn zigmal mit Mary besucht hatte, wieder. Er ahnte, was nun folgen würde, denn auch davon hatte er schon des Öfteren gehört. Man würde ihm sein irdisches Leben vor

Augen führen und dann feststellen, ob es ein gutes oder schlechtes gewesen war. Er ahnte, wie das Urteil ausfallen würde. Das Licht im Saal erlosch und die Vorführung begann.
Von der ersten Sekunde seines Lebens bis zu hin seinem Tod auf dem Stuhl wurde alles gezeigt. Nicht die kleinste Begebenheit wurde ausgelassen. Jerry erkannte, wie schlimm es wirklich gewesen war und bedauerte, nicht mehr aus jener Zeit gemacht zu haben, da er auf Erden weilte. Dann endete der Film und Jerry dachte, es sei vorbei. Doch hier irrte er sich. Der Film begann erneut. Wieder lief die Zeit auf Erden vor seinem geistigen Zustand ab. Oh ja, er hatte verstanden und wünschte sich nur eines: Der Film möge enden. Schließlich bereute er seine Verfehlungen zutiefst und vielleicht erkannten jene, die über sein Schicksal entschieden, dass man ihm Absolution gewähren würde. Erneut begann es.
„Was soll das!“, schrie er regelrecht aus sich heraus. „Ich habe längst verstanden, was ich getan habe und bereue es!“
„Dafür ist es zu spät, Jerry, das hättest du zu deinen Lebzeiten tun sollen. Doch du hast es nie verstanden. Darum bist du hier an diesem Platz, in diesem Saal. Dies ist das, was man die wahre Hölle nennt, denn bis in alle Ewigkeit wird dir dein Leben vorgeführt werden. Willkommen in der Hölle!“

Der Nieter

Als die von Isambard Brunel konstruierte „Gread Estern“ am 01. Mai 1854 auf Kiel gelegt wurde, ahnte niemand, dass dieses Schiff zum Albtraum der Seeschifffahrt werden sollte. Als Vollstahlschiff sollte es als Erstes in der Lage sein, mit nur einer Kohleladung die Welt zu umrunden.
Bis zu diesem Zeitpunkt beherrschten noch Segelschiffe die Weltmeere und viele Reedereien waren der Ansicht, dass dies auch noch lange Zeit so bleiben würde. Zudem wurde das riesige, 211 Meter lange und über 25 Meter breite Schiff, als Doppelrumpfschiff konzipiert. Was bedeutete, dass erst der Innenrumpf aus Eisenplatten und danach der Außenrumpf genietet wurden. In dieser Bauweise sah man in jenen Tagen die Zukunft der Eisenschiffe und damit das Ende der konventionellen Holzbauweise. Gut 4.000 Passagiere fanden auf diesem Schiffsgiganten Platz für die Überfahrt in die Vereinigten Staaten, auch wenn die Great Eastern ursprünglich für die Route Indien, Australien geplant war.
Mit seinen beiden Schaufelrädern und einer zusätzlichen Schraube sollte das Schiff für Jahrzehnte neue Maßstäbe in Sachen Größe und Antrieb darstellen. Für den Fall, dass die Dampfmaschinen ausfielen, verfügte die Great Eastern über 6 Masten, die mit Segeln ausgestattet, für eine sichere Weiterfahrt sorgen sollten.

Von Baubeginn an bis zu ihrem Ende stand das Schiff unter keinem guten Stern. Immer wieder kam es zu Problemen und die Baukosten explodierten so sehr, dass die Geldgeber überlegten, den Bau zu stoppen. Mit Hilfe neuer Investoren gelang es letztendlich, das auf den Namen „Leviathan“ getaufte Schiff zu vollenden, und sie am 31. Januar 1858 vom Stapel laufen konnte. Mit ihren 18.915 Bruttoregistertonnen war sie bis zum Jahre 1901 das größte Schiff ihrer Zeit. Während des Baus ereigneten sich immer wieder mysteriöse Vorfälle. Unter anderem hieß es, dass ein Arbeiter bei den Nietarbeiten zwischen dem Innen- und Außenrumpf eingeklemmt und für alle Zeiten dem Schiff Unheil brachte. Der Fluch des „Nieters“ war geboren. Da gerade Seeleute, und alle die sich mit der maritimen Seefahrt beschäftigten, sehr abergläubisch waren, galt es, trotz der hohen Entlohnung als gefährlich, an dem Schiff zu arbeiten oder gar mit ihm auf Reisen über den Atlantik zu gehen.
„Wenn du ein Klopfen aus dem Rumpf des Schiffes hörst, dann ist es die ruhelose Seele des Nieters“, hieß es seinerzeit. Natürlich versuchte die Reederei, dieses Gerücht zu zerstreuen, denn schließlich wollte man mit dem Schiff und den zahlenden Passagieren Geld verdienen. Da wäre so ein Gerücht mehr als abschreckend. Tatsächlich sollte das Schiff während seiner Dienstzeit weniger Passagiere befördern als

ursprünglich gehofft und fand daher als Frachtschiff seinen Platz. Wie sehr das Schiff verflucht war, zeigt sich, wenn man sich die zahlreichen Unfälle und Missgeschicke im Lebenslauf des Schiffes ansieht. Hier daher ein kleiner Auszug:

- Beim ersten Stapellauf am 03. November 1857 brach eine der Ketten. Dabei wurde ein Arbeiter getötet. Zudem hatte man die Champagnerflasche mit Wasser, anstatt mit dem edlen Tropfen gefüllt. Die Folge war, dass sich der Rumpf gerade mal um einen Meter bewegte und danach festsaß. Erst am 31. Januar 1858 konnte das Schiff mithilfe der Flut und Pumpen zu Wasser gelassen werden.

- Ein Großbrand an Bord kurz nach dem Stapellauf verzögerte die endgültige Indienststellung erneut. Hinzu kamen weitere Unfälle, bei denen zahlreiche Arbeiter verletzt wurden.

Spätestens jetzt glaubte man auch bei den Schiffseignern an den Fluch und benannte das Schiff in seinen endgültigen Namen „Great Eastern“ um, auf dass der Fluch mit dem neuen Namen für immer verschwand. Doch leider irrte man sich. Immer wieder hörte man an Bord ein Klopfen im unteren Rumpf. Kurze Zeit später sollte das nächste Missgeschick passieren:

- Bei ihrer Jungfernfahrt im September 1859 explodierte einer der Dampfkessel, wobei mehrere Menschen ums Leben kamen.

- Im Jahre 1860 starb der Kapitän der Great Eastern, als er mit einem Beiboot im Hafen von Southampton kenterte.

- Im September 1861 riss bei der Atlantiküberquerung eines der beiden großen Schaufelräder ab.

- Am 27. August 1862 lief das Schiff auf ein unbekanntes Riff vor New York. Dabei riss die Außenhaut auf einer Länge von über 30 Metern auf.

- 1867 platzte bei einem Sturm eine der Ankerwinden, wobei 4 Matrosen aufgespießt wurden.

Diese Auflistung zeigt nur einige der Unglücke, welche die „Eastern" im Laufe ihrer Dienstzeit erlebte.

Mit der Eröffnung des Suezkanals sollte sich zeigen, dass solche Riesenschiffe nicht mehr von Nöten waren, um das Kap der guten Hoffnung nach Fernost zu fahren. Daher fand das Schiff als übergroßer Kohlenfrachter zunächst seine neue Bestimmung, in dem es Kohle von England nach Gibraltar brachte. Als letzte seiner Großtaten wird in der Chronik des Schiffes die Verlegung des ersten Telefonkabels zwischen England und Amerika vermerkt. Auch in dieser Zeit hörte man immer wieder das mysteriöse Klopfen zwischen den Rumpfwänden, doch kam es zu keinen weiteren bemerkenswerten Zwischenfällen. Ihr Ende nahte lange vor der geplanten Lebensdauer.
Im Jahre 1886 wurde sie mit Gewinn an den Ort ihrer Geburt in Greenock geschleppt und dort abgewrackt. Niemand ahnte damals, was die Arbeiter dort entdecken würden:

Einige Arbeiter waren in den Raum zwischen den Rümpfen eingedrungen. Zu ihrem Entsetzen fand man dort zwei Skelette. Die eines erwachsenen Mannes und seines Lehrbuben. Auch wenn offizielle Quellen diesen Vorfall gerne als reines Gerücht abtun, so behaupten Augenzeugen, dabei gewesen zu sein. Kein Wunder, dass mehr an dem Gerücht um den Nieter dran ist als zugegeben wird. Ob und wie lange die beiden Menschen dort noch nach ihrem Einschluss gelebt haben, vermag niemand zu sagen. Als gesichert gilt jedoch, dass die Gerüchte um das Klopfen zwischen den Rümpfen auf Beobachtungen jener beruhen, die es vernommen haben.

KI – Künstliche Intelligenz

In Zeiten fortschreitenden Automatisierung geben viele Firmen Routineaufgaben an ihren digitalen Mitarbeiter, die künstliche Intelligenz, was wirtschaftlich durchaus sinnvoll ist. Entbindet es sie doch von monotoner Arbeit und hilft bei Anfragen im Vorfeld, zum Beispiel auf dem Telekommunikationssektor, den richtigen Ansprechpartner zu finden. Heutzutage ist man es gewohnt, mit dem Roboter aus Nullen und Einsen zu sprechen. Dank moderner Spracherkennungssoftware schafft es die KI problemlos, hier sehr hilfreich zu sein. Auch sind wir es gewohnt, mit Alexa und Co. viele Dinge schneller zu finden, oder sie mit der Überwachung von Eigentum zu betrauen. Ebenso sind KI's durchaus in der Lage, unser Heim gemütlicher zu machen, indem sie unsere Heizung, Rollläden und andere Funktionen unserer Wohnung effektiv steuern. Der Traum vieler Zukunftsautoren hat sich mit den KI's erfüllt und das schneller, als viele gedacht haben.

Doch gab es auch jene, die vor dem übermäßigen Einsatz warnten, da sie davon ausgingen, dass KI's lernfähig sind und sich immer neuer Bereiche bemächtigten.
Ihre Befürchtung beruhte auf der Tatsache, dass auch KI's von Menschen erschaffen wurden, und Menschen sind nicht fehlerlos. Wehe, wenn sich in der komplexen Programmierung ein

Fehler einschlich, der unbemerkt blieb. Die Folgen konnten verheerend sein. Während dies im konventionellen Bereich vielleicht noch zu verkraften und korrigierbar ist, sieht das beim militärischen völlig anders aus. Hier könnten solche Fehler zu Kriegen führen, nur weil die KI davon ausging, dass der Waffeneinsatz als angemessen und gerechtfertigt erscheint. Doch wurde stets bestritten, dass der Mensch nicht jederzeit eingreifen könnte und die Kontrolle über die Waffensysteme besäße. Hätte man ihnen bloß nicht geglaubt!

Wir schreiben das Jahr 1978. Schon seit Jahren war man in der NATO als auch dem Warschauer Pakt dazu übergegangen, viele Überwachungstätigkeiten den gewaltigen Rechensystemen zu übertragen. Unzählige Spionagesysteme in der erdnahen Umlaufbahn nahmen jede noch so kleine militärische Aktion auf der Oberfläche und teilweise auch darunter wahr. Vierundzwanzig Stunden und sieben Tage in der Woche wachten sie, in fast atombombensicheren Bunkern, über den Frieden. Ihnen entging nicht die kleinste Kleinigkeit und sollte es eine Nation wagen, Raketen zu starten, so würde unverzüglich Alarm ausgelöst. Neben diesen beiden Militärblöcken gab es zudem noch jene Staaten, die sich brüsteten, Nuklearwaffen zu besitzen, um sich im Reigen der

Atommächte zu behaupten. Dazu gehörten unter anderem Indien, Pakistan und Israel. Doch auch andere Staaten bemühten sich, diesem exklusiven Club beizutreten, um sich so Vorteile gegenüber jenen Staaten zu verschaffen, die über rein konventionelle Armeen und Waffen verfügten.

Die Aussage eines unbekannten Karikaturisten mit der Überschrift „Das Veto der Bombe", „Ich bin der Frieden", zeigt eine Skizze mit der Atombombe.
Ebenso passen in diesem Zusammenhang die Sätze „Wer als Erster schießt, stirbt als Zweiter", oder um es mit den Worten Albert Einsteins zu formulieren: „Ich weiß zwar nicht mit welchen Waffen der Dritte Weltkrieg geführt wird, wohl aber dass der Vierte wieder mit Äxten und Keulen stattfindet."
Doch zurück ins Jahr 1978, jener Zeit, wo es nur noch eines winzigen Zwischenfalls bedurfte, um aus dem Kalten einen Heißen Krieg werden zu lassen:
Die Ideologie des Feindbildes hatte dazu geführt, dass die Atommächte derartig aufgerüstet hatten, dass ihre Waffen mehrfach die Menschheit auslöschen konnte. Zündschnur und Pulverfass lagen bereit und es fehlte nur noch das Streichholz, um den Weltenbrand auszulösen. Genau das wäre fast in diesem Jahr geschehen.

Im Sommer dieses Jahres meldete ein Spionagesatellit der NORAD ungewöhnliche militärische Aktivitäten an der Westgrenze des Warschauer Pakts. Sofort wurde im Bunker, tief unter dem Cheyenne Mountain, durch die überwachende KI, Alarm ausgelöst. Es folgten Stunden hektischer Aktivität und der Verteidigungsstatus wurde von DEVCON Fünf auf drei angehoben, was bedeutete, dass ein eventueller Angriff auf das Gebiet der NATO möglich wäre. In direkter Folge wurden die Streitkräfte des Bündnisses in Alarmbereitschaft versetzt. Sämtliche Abschussrampen der landgestützten Interkontinentalraketen bereiteten sich darauf vor die Schächte zu öffnen. Im weiteren Verlauf wurden die mit Nuklearsprengköpfen bestückten Langstreckenbomber vom Typ B 52, bemannt und begannen aufzusteigen. Binnen weniger Stunden konnten sie so das Gebiet Russlands erreichen und würden auf ausdrücklichen Befehl ihre todbringenden Lasten auf festgelegte Ziele, darunter fast alle Großstädte des riesigen Landes, abwerfen.
Um die Situation noch zu verschärfen, meldete die KI kurze Zeit später die ersten Abschüsse russischer Raketen. DEVCON 2 wurde daraufhin beschlossen. Der Dritte Weltkrieg schien unvermeidbar und das Ende der menschlichen Zivilisation gekommen.

Was niemand zu diesem Zeitpunkt ahnen oder wissen konnte, war die Tatsache, dass am Tage zuvor einige Verbesserungen der Programmierung am Strategiespeicher der KI stattgefunden hatten. Im Rahmen einer nur wenigen Eingeweihten bekannten Simulation fand ein Testlauf mit der neuen Software statt. Ohne die betroffenen Schaltstellen zu informieren, hätte genau dieser Test fast dazu geführt, dass es zum letzten Krieg der Menschheit gekommen wäre. Natürlich bestritten die Verantwortlichen ihr Tun und der Vorfall wurde als streng geheim eingestuft. Über Jahrzehnte sollte dies so bleiben, doch irgendwann kamen Daten über den Vorfall ans Tageslicht, selbst wenn alles versucht wurde, dies mit allen Mitteln zu verhindern. Um zukünftig solche Fehlentscheidungen zu verhindern, wurden neue Sicherheitsregeln eingeführt. Es schien, als wäre die Menschhcit mit dem Schrecken davongekommen, doch ahnte man nicht, dass es Männer und Frauen gab, die den Ehrgeiz besaßen, in geheime militärische Computer einzudringen und deren Programme zu manipulieren. Die Zeit der ersten großen Hackerangriffe war gekommen.

Tat man es anfangs als reinen Zufall ab, so erfolgten in den Jahren darauf immer neue Eingriffe in die komplexen und angeblich so sicheren Computer. Die Hackerszene beschränkte sich dabei jedoch nicht allein auf militärische Anlagen, sondern griff zunehmend auch zivil genutzte Rechner an. Große Banken wurden ebenso Opfer wie KI-unterstützte Atomkraftwerke oder Industriesteuerungen. Von den unzähligen Vorfällen wurden jedoch nur wenige bekannt, da niemand zugeben wollte, dass seine Computer angreifbar waren. Um diese Angriffe zukünftig zu verhindern, begann das große Katz- und Mausspiel.

Einer der wohl verheerendsten Hackerangriffe galt dem Bankensystem. Hacker hatten erkannt, dass im Rahmen der Zinsrechnung stets mit mehreren Nachkommastellen gerechnet wurde, auch wenn am Ende der Berechnungen nur zwei Nachkommastellen ausgewiesen wurden. Da täglich mehrere Milliarden Buchungen weltweit ausgeführt wurden, fanden die Computerspezialisten hier eine Schwachstelle in der Programmierung und nutzten sie aus. Sie ließen die Beträge ab der dritten Nachkommastelle auf ein eigenes Konto buchen.
Infolge dieser Aktion kamen binnen weniger Tage Summen zusammen, die sich im Milliardenbereich befanden.
Manche Bank geriet fast an den Rand des Ruins und konnte es sich nicht erklären, wie das möglich war. Wären da nicht einige Hacker gewesen, die erkannten, was sie angerichtet hatten,

der Spuk hätte zu einem weltweiten Zusammenbruch des Bankensystems geführt. So aber gaben sie sich zu erkennen und begründeten ihre Aktion damit, dass sie dem Bankenwesen demonstrieren wollten, wie anfällig ihre Rechner und die damit verbundene Software war. Das Geld wurde im Übrigen den Banken zurückerstattet und die Hacker kamen ohne Strafe davon. Der Vorfall wurde unter den Tisch gekehrt, um so das Vertrauen der Kunden in ihre Banken nicht zu erschüttern.

Wie gefährlich und unverantwortlich manche Eingriffe in die sensiblen Computersysteme sein konnten, zeigt der nächste, gern verschwiegene Vorfall auf das Atomkraftwerk „Three Miles Island", in Harrisburg im Bundesstaat Pennsylvania, am 28. März 1979. Hier wäre es fast zu einem Gau, dem „größten anzunehmenden Unfall" gekommen, der große Landstriche der USA in eine strahlenverseuchte Wüste verwandelt hätte. Offiziell hieß es unter anderem in der Meldung:

„... Schloss sich bei Wartungsarbeiten an der Kondensatreinigungsanlage ein Ventil in der Speiseleitung vom Kondensator zu den beiden Hauptspeisepumpen im sekundären Kreislauf durch eine Fehlfunktion der pneumatischen Steuerung. Die Pumpen schalteten sich ab,

infolgedessen die Kühlung des Reaktors durch die Dampferzeuger ausfiel.“ Fast wäre es so zu einer Kernschmelze gekommen.
Insider berichteten später jedoch etwas anderes. Ihren Aussagen zufolge waren Hacker in die Computer des AKWs eingedrungen und hätten die Überwachungssoftware verändert, sodass diese keinen Alarm auslöste. Natürlich wird dies bis heute bestritten. Fakt ist jedoch, dass zum damaligen Zeitpunkt die ersten KI's ihren Einzug hielten und auch in Harrisburg eine solche installiert war. Um den Vorfall weiterhin zu vertuschen, bleibt man bis heute bei der Aussage, dass es menschliches Versagen war, das fast zur Katastrophe geführt hätte, so wie beim GAU im ukrainischen AKW Tschernobyl vom 26. April 1986.

An dieser Stelle sei angemerkt, dass man eigentlich schon damals von den Gefahren der KI's hätte wissen müssen, denn zahlreiche Blockbuster wie „Colossus“, „The Day after“, „Wargames“, um nur einige zu nennen, zeigten wie weitsichtig doch die Filmindustrie gedacht hat. Es stellt sich zugleich die Frage, ob diese Streifen auf den Visionen einiger Autoren oder, und das möchte ich nicht ausschließen, auf Informationen von Insidern beruhen. Hätte man schon damals erkannt, was auf die Menschheit zukommt, würde man dem Bestreben von

Militär und Industrie nicht nachgeben. Doch geschieht in der Gegenwart das Gegenteil und immer neue Bereiche werden den KI's unterstellt, oder um es anders zu formulieren, das Geschäft mit ihnen boomt, ohne dass man auf die Gefahren durch sie hinweist. Sie sind wie ein neues Medikament, bei dem man eventuelle Nebenwirkungen nur zu gerne verschweigt. In diesem Zusammenhang passt auch folgende Vision:

Wir schreiben das Jahr 2068. Über 10 Milliarden Menschen bevölkern unseren Planeten. Es gibt nur noch wenige Flecken auf der Erde, die nicht unter der Überbevölkerung leiden. Die Reserven der Erde an Rohstoffen sind so gut wie aufgebraucht und trotz aller Appelle wird nichts gegen diese Situation unternommen. Das Gegenteil ist der Fall und folglich verdienen jene, die noch über Reserven verfügen, mehr als je zu vor. Die Gier nach Reichtum und Macht hat sie längst weit von der Realität entfernt.
In diesem Jahr wurden erstmals vollautomatische neuronale Netze, basierend auf biologischer Basis eingeführt, welche auf Dauer die gängigen elektronischen KI's ersetzen sollen, da sie über weit höhere Arbeitsgeschwindigkeiten und Speicherkapazitäten verfügen. Zudem schaffte man den Durchbruch, indem man ihnen eine dem Menschen ähnliche Intelligenz

zugestand und bewusst ihrem Urteilsvermögen in jeder Hinsicht traute.
Um militärisch weiterhin als Supermacht zu gelten, wurde auch diese Form der KI bei NORAD in den USA eingeführt. Um die Handlungsfreiheit der neuen Errungenschaft zu erweitern, wurden alle militärischen Einrichtungen mit ihr verbunden. Von nun an, so die Annahme, würden alle menschlichen Fehlentscheidungen und ethischen Skrupel ausgeschaltet, da der KI diese Eigenschaft fehlte. Ebenso würde sie nach Inbetriebnahme völlig autark, ohne dass der Mensch jemals eingreifen konnte, ihren Dienst versehen. Generäle und Entscheidungsträger auf allen Ebenen wurden somit überflüssig. Man vertraute derartig der neuen KI, dass man auf diese Sicherheitseinrichtungen verzichtete.
Anfangs schien sich das neue System zu bewähren, denn niemand würde es wagen, noch einen Krieg zu beginnen, da die KI unverzüglich eingriff. Der Weltfrieden schien gesichert und eigentlich hätte man auf jegliche Arten von Waffen verzichten können. Das Geld, so die Vision der Konstrukteure, könnte dem Wohl der Menschheit und dem allgemeinen Wohlstand aller dienen. Eine Welt ohne Konflikte, ohne Nöte, ohne Armut. Leider vergaß man hierbei den Faktor Mensch. Immer noch gab es jene, die sich hiermit nicht zufrieden geben wollten

und weiterhin nach Macht und Reichtum strebten. So hatte die Waffenlobby sich durchgesetzt und erreicht, dass die Bestände an Waffen jeder Art weiterhin erhalten blieben, anstatt sie zu verschrotten. Um weiterhin gut zu verdienen, setzten sie die Regierung unter Druck und erreichten es, dass man in Sachen Waffentechnik auf dem neuesten Stand blieb. Dies blieb anderen Staaten nicht verborgen und sie taten es ihnen gleich. Auch hier wurden die neuen KI's schnell eingeführt, um mit den USA Schritt zu halten. Das Duell der „Künstlichen Intelligenzen" begann und sollte sich in der Zukunft vom Segen zum Albtraum entwickeln.
So ahnte niemand, dass sich die verschiedensten KI's dank der globalen Vernetzungen untereinander austauschen würden. Ständig, wie von ihren Schöpfern gewünscht, suchten die Monster der Zukunft nach einem Weg, das Leben der Menschen zu verbessern, was an sich lobenswert gewesen wäre. Doch dank ihres autarken Handelns kamen sie zu dem Schluss, dass nur eine drastische Reduzierung der Weltbevölkerung das Überleben des Menschen garantieren würde. Geburtenkontrolle und andere regulierende Mechanismen wurden dabei von den KI's ebenso wie völlig unkonventionelle Möglichkeiten in ihre Berechnungen einbezogen. Dank ihrer weltweiten Kooperation tauschten sich die verschiedensten Intelligenzen ständig

miteinander aus. So kamen sie letztendlich zu dem Konsens, dass nur ein drastischer Einschnitt in das Leben der Menschen die ideale Möglichkeit darstellte: Ein neuer Krieg, der alle bisherigen übertreffen würde. Nach Einschätzungen der gefühllosen Roboter würden nur wenige Hunderttausende Menschen ausreichen, jene Population zu erhalten, die völlig neu anfangen könnte, da die genetische Vielfalt das Überleben garantierte.
Erschreckt sahen damals die Menschen zum Himmel, als sie die aufsteigenden weißen Rauchfahnen der Raketen sahen. Viele fragten sich noch, wer diesen neuen Krieg angefangen hatte und wieso es überhaupt so weit kommen konnte. Welcher Staat hatte die Nerven verloren und auf den berüchtigten Knopf gedrückt. Jene, die für dieses Desaster verantwortlich waren, gaben letztendlich und unter dem Druck der Aufklärung zu, dass man die Möglichkeiten der KI's völlig unterschätzt hatte. Schließlich hatte man ihnen ja den Auftrag gestellt, sie zu konstruieren und dem Auftrag war man nachgekommen. So versuchten sie, sich ihrem verantwortungslosen Handeln zu entziehen. Es hätte auch nichts mehr genutzt, da sich über der Erde binnen weniger Minuten überall die Zeugen der Vernichtung in Form von Blitzen und aufsteigenden Feuerbällen zeigten.
Fast einhundert Jahre sollten vergehen, bis sich

erste Anzeichen der Erholung von den Nuklearschlägen zeigten. Nur wenige Menschen hatten die von Menschen indirekt ausgelöste Katastrophe überlebt. Sie hausten in den Trümmern der untergegangenen Zivilisationen und entgegen der Annahme, neu beginnen zu können, kam es zu einem Rückschritt. Der Mensch starb binnen weniger Jahre völlig aus und neue Lebensformen traten an seine Stelle. Was blieb, waren die künstlichen Intelligenzen, die von den neuen Beherrschern des Planeten Erde wie Götter verehrt wurden.

Ich kann nur hoffen, dass sich diese düstere Vision niemals erfüllen wird und der Mensch erkennt, dass es in seiner Verantwortung liegt, die Gefahren durch die KI's rechtzeitig zu erkennen. Doch fürchte ich leider, dass dem nicht so sein wird!

Neben dem aufgeführten Szenario befällt mich noch eine andere Sorge, wenn es um den Einsatz von künstlicher Intelligenz geht. Auch hierzu eine Geschichte, die schon in der Gegenwart jederzeit real werden könnte und die Gefahren deutlich aufzeigt:

Der gläserne Mensch

Wann immer ich ins Internet gehe, hinterlasse ich Spuren. Lange Zeit dachte ich, die wenigen Cookies wären harmlos und unbedingt erforderlich, wenn ich nach bestimmten Informationen suchte. Wie sehr habe ich mich doch getäuscht. Die Anbieter der Webseiten argumentieren ihren Einsatz damit, dass sie für eine „personenbezogene Werbung“ unerlässlich seien. Anfangs glaubte ich diesen harmlos klingen Satz und akzeptierte die kleinen Helfer, ohne groß nachzudenken. Diese Einstellung hat sich bei mir völlig verändert, da ich weiß, dass meine Daten weitergegeben und oftmals verkauft werden. Wären dies die schlimmsten Auswirkungen, so könnte ich ja noch damit leben, da ich wenig zu verbergen habe. Doch längst werde ich mit Werbung und unerwünschten Anrufen regelrecht überflutet. Es ist zwar lästig, aber auch damit kann ich noch leben.
Völlig anders sieht das jedoch aus, seit künstliche Intelligenzen sich meiner Daten bemächtigen und mich virtuell regelrecht vergewaltigen. Längst wissen viele Anbieter mehr über mich als ich selbst. Wenn es nur meine Vorlieben für gewisse Dinge wären, könnte ich es ja noch verstehen, aber mein Verständnis endete in dem Moment, da ich regelrecht belästigt wurde. Wo ist der im Grundgesetz verankerte Schutz über das Leben eines Menschen, wo ist meine Würde geblieben, die mir doch hier mit dem Passus

„Die Würde des Menschen ist unantastbar" garantiert wird. Schaue ich nun in die Zukunft, dann sehe ich ein Bild vor mir, das geprägt und gesteuert wird von jenem Monster aus Nullen und Einsen, erschaffen von Menschen, die glauben, dass sie den Menschen dienen.
Wie schön waren doch die Zeiten, da ich am Telefon mit einem Menschen und nicht mit einem Roboter sprechen konnte, wie schön die Zeit, da man mich in den Behörden noch mit Namen und nicht mit Kundennummer ansprach. Ich hasse es, als Nummer behandelt zu werden, da ich doch ein Mensch aus Fleisch und Blut bin. Wo wird das enden, frage ich mich. Der gläserne Mensch, einst die Horrorvorstellung einiger mahnender Autoren, ist längst Realität und „Big brother" bestimmt unseren Alltag. Wir, die mündigen Menschen, einst verantwortlich für unser eigenes Handeln und Tun, uns wird unsere Eigenständigkeit regelrecht abgesprochen. Und wieder sind es jene Nullen und Einsen die glauben, uns lenken und über uns bestimmen zu können. Da werden Daten gesammelt und dank hochgerüsteter Maschinen in Sekundenbruchteilen mit anderen Daten aus unserem persönlichsten und intimsten Bereich verglichen, nur um daraus neue Schlüsse zu ziehen. Oft merken wir es gar nicht, wie sehr wir manipuliert und gesteuert werden. Uns wird vorgeschrieben, was wir in den Nachrichten sehen dürfen, denn

längst sind auch die Medien in die Fänge jener geraten die über uns bestimmen. Wird es so weit kommen, dass man uns vorschreibt was wir essen dürfen, welche Medikamente wir zu nehmen haben und wie wir unsere Freizeit bestimmen? Geht es gar so weit, dass man uns vorschreibt mit welchem Partner wir leben dürfen, nur weil eine künstliche Intelligenz dies so aus der Datenflut ermittelt hat. Längst leben wir in Käfigen, ohne es zu bemerken. Wehe dem, der das erkannt hat. Er wird diskreditiert und kriminalisiert, nur weil er anders denkt als jene, die glauben, über uns bestimmen zu können. Dabei ist es doch offensichtlich, wie sehr wir manipuliert werden. Hier bietet das Internet jenen Ausweg, um mit Gleichgesinnten zu kommunizieren. Doch Vorsicht, auch hier sind wir längst nicht mehr anonym, sondern werden ständig überwacht. Eine künstliche Intelligenz braucht keine Pause und keinen Schlaf. Sie arbeitet so, wie es ihr Schöpfer geplant hat, skrupellos, und gefühllos verfolgt und analysiert sie uns. Schöne neue Welt! Es wird der Tag kommen, da wir uns nicht mehr gegen die Monster jener modernen Welt wehren können, die wir im Glauben an den Fortschritt schufen.. Wozu braucht es da noch Menschen, die darüber entscheiden, wie wir leben, wenn doch diese Maschinen dazu in der Lage sind, es besser zu machen. Warum wehren wir uns nicht? Die

Antwort auf diese Frage mag meiner Ansicht nach ganz einfach sein. Wir haben uns mit ihnen abgefunden. So wie das Handy oder der Computer, auf dem ich gerade diese Texte schreibe, gehören künstliche Intelligenzen längst zu unserem Alltag. Wir glauben, dass es ohne sie nicht mehr geht und erliegen zugleich dem Irrglauben, dass sie es gut mit uns meinen. Erst wenn es zu spät ist, werden wir aus diesem Albtraum erwachen, doch nur um zu erkennen, wie machtlos wir doch sind. Wie unmündige Kinder werden unsere Nachkommen dem glauben, was ihnen die Maschinen vorschreiben. Doch stopp, auch wir, die noch einer Generation angehören, neben E-Mails auch noch Briefe schreiben, die noch in der Lage sind, den eigenen Verstand zu benutzen, selbst wenn dies ab und an zu Fehlentscheidungen führt, sind längst den Frohlockungen erlegen. Wir haben uns angepasst und arrangiert. Wann werden wir aufwachen, oder ist es dafür bereits zu spät?

Viren, Bakterien, Gene und DNA – Die Welt des Unsichtbaren

„Willkommen in der Welt der Viren und Bakterien. Es ist schön, dass sie uns besuchen, denn was sie hier erfahren, wird ihnen eine Erfahrung bescheren die sie ganz sicher nicht vergessen werden!“

Viren und Bakterien waren schon immer ein bevorzugter Tummelplatz für Forscher. Hier in der Welt der Kleinsten gab und gibt es noch vieles zu entdecken. Wer kennt nicht den Schrecken des Mittelalters, die Pest. Verbreitet über Läuse, die sich im Fell der Ratten von den arabischen Ländern bis nach Europa verbreiteten, befielen sie rasch den Menschen. Nicht Hunderte, sondern geschätzte 25 Millionen fielen allein beim Ausbruch des Schwarzen Todes zwischen 1346 und 1353 in Europa
der Pest zum Opfer. Zwar gab es in der Folgezeit immer wieder Ausbrüche dieser verhecrenden Krankheit, doch keiner erreichte jene Dimensionen.
Über Jahrhunderte sahen religiöse Sekten und Glaubensgemeinschaften, darunter insbesondere die christlichen Kirchen, in der Pest die Strafe Gottes, da der Mensch sich nicht an die Gebote hielt. Natürlich war diese Ansicht stets im Interesse der Geistlichen, um ihre Macht und ihren Einfluss in den Ländern zu sichern. Dank dieser Doktrin war es kein Wunder, dass man den Erregern nicht eher auf die Spur kam. Erst

am 20. Juni des Jahres 1894 fand der Schweizer Arzt Alexandre Yersin den Virus und es gelang ihm, einen Impfstoff zu entwickeln, welcher dem Schrecken der Jahrhunderte ein Ende bereitete. In der Gegenwart gilt sie in Europa als ausgerottet. Grund hierfür sind die rückläufigen Populationen an Nagetieren. Ganz ausgerottet ist sie jedoch nicht, denn immer wieder gibt es kleinere Epidemien.
Doch war die Pest nur eine der Geiseln der Menschheit. Eine andere war und ist die Lungenschwindsucht, besser bekannt als Tuberkulose. Im Jahre 1882 wurde der Virus von Robert Koch entdeckt. Im Jahre 1890 präsentierte er der Welt mit seinem „Tuberkulin 1890“ den ersten Impfstoff gegen die Lungenschwindsucht. Es gäbe noch zahlreiche andere Erfolge gegen die verschiedensten Viren und Bakterien, doch würde das zu weit führen, doch darum geht es hier nicht.

Viel besorgniserregender ist die Tatsache, dass in vielen Laboren mit hochansteckenden, oft genetisch veränderten Viren experimentiert wird. Die einst harmlosen Microlebewesen werden verändert und erst dadurch zu gefährlichen Viren und Bakterien, die wiederum militärisch als Biowaffen, trotz der klaren Ächtung im Rahmen der „Genfer Konvention“, weiterhin entwickelt werden.

Trotz aller Beteuerungen, dass man nur an den Viren aus reinen Forschungsgründen arbeite, um neue Medikamente zu entwickeln, dürfte feststehen, dass dies mit Sicherheit nicht der Fall ist. Viel eher dürfte es sich darum handeln, dass die Pharmaindustrie großes Interesse daran hat, dass es immer wieder zu Ausbrüchen mit oft unbekannten Viren kommt. Schließlich gilt es, die Aktionäre mit hohen Renditen zu erfreuen. Dass es bei der Forschung immer wieder zu Pannen kommt, wird bewusst verschwiegen. Zudem sind Viren durchaus in der Lage, sich zu verändern und sich anzupassen. Exemplarisch hierfür sind das AIDS-Virus und das EBOLA-Virus zu nennen.

Entdeckt wurde das Aids-Virus Anfang des 20. Jahrhunderts in Afrika und bekam die Bezeichnung „SIV". Zum Erschrecken der Forscher mutierte das Virus recht schnell und bekam so die heute gängige Bezeichnung „HIV".

Ebola gehört hingegen zu jenen Viren die 1976 erstmals in Zaire, der heutigen Demokratischen Republik Kongo, nachgewiesen wurden. Dieses Virus gehört bis heute zu den gefährlichsten Virenstämmen überhaupt, da es kaum ein Mittel zur Heilung gibt. Es stellt sich nun die Frage, warum beide genannten Viren ausgerechnet in Afrika entdeckt wurden. Hierzu gibt es die verschiedensten Theorien.

Eine davon besagt, dass der Mensch selbst

daran schuld ist. Schließlich dringt er immer tiefer in unerforschte Lebensbereiche ein, wo die Viren heimisch sind und dort über Tausende von Jahren verborgen im Boden schlummerten. Mit seiner Sucht nach immer neuen Bodenschätzen wurden beide Virenarten so unbewusst freigesetzt.
Eine andere, vielleicht viel erschreckendere Theorie besagt, dass es in Afrika weniger strenge Auflagen im Umgang mit gefährlichen Viren gibt. Hier können skrupellose Forscher ihrem Drang nachgeben, Gott zu spielen. Die modernen Frankensteins überschreiten hier jede ethische Grenze, ohne an die Auswirkungen ihres Handelns zu denken. Versteckte, oft von finanzstarken Partnern unterstützte Labore liegen getarnt in meist abgelegenen Gebieten. Um die Gefahr durch diese Art des Umgangs mit den Geiseln der Neuzeit besser zu verstehen, ist es ratsam, sich mit der Welt der Gene ein wenig auseinanderzusetzen.

Jedes Lebewesen, angefangen von einfachen Einzellern bis hin zum Menschen, besitzt eine DNA. In einzelnen Abschnitten dieses spiralförmigen Stranges sind die Gene beheimatet, oder um es verständlicher zu erklären, Gene sind ein Abschnitt innerhalb der DNA. Letztere bilden zusammen mit den Proteinen die Chromosomen, die sich in jedem Zellkern befinden.

In der Regel besitzt jeder Mensch 23 Chromosomenpaare, also insgesamt 46. Es wird dabei zwischen „XX“- und „XY“-Paaren unterschieden, was insofern von besonderer Bedeutung ist, da hierdurch das Geschlecht des Menschen bestimmt wird. Menschen mit dem„XX“-Paar sind weiblich, „XY“ dagegen männlich. Auch Viren und Bakterien haben eine solche DNA und damit auch Gene. Im Rahmen der Forschung können sowohl die DNA, als auch das Gen verändert werden, was wiederum zu völlig neuen Eigenschaften und Fähigkeiten des Lebewesens führt. Bestens bekannt sind verschiedene genetisch veränderte Getreidesorten wie Soja und Mais. Bis heute ist jedoch nicht abschließend geklärt, inwieweit sich diese veränderten Pflanzen auf Unveränderte auswirken. Ebenso ist abschließend nicht geklärt, wie es sich auswirkt wenn sie in den Lebensmittelkreislauf und damit in unserer Nahrung gelangen. Dass man trotz vielfacher Mahnungen dies, vonseiten der Produzenten, als unbedenklich einstuft, ist wohl der Tatsache geschuldet, dass es erneut um Profit geht. Diese Informationen musste ich zusammenstellen, um das folgende Szenario niederzuschreiben:

Wir schreiben das Jahr 2080. Unsere Welt, so wie unsere Vorfahren sie kannten, gibt es nicht mehr. Statt im Freien zu leben, sind wir gezwungen, unter riesigen Kuppeln zu leben, da es tödlich wäre, unsere Habitate zu verlassen. Unsere Lebensmittel werden in streng abgeschirmten Bereichen erzeugt, da sie in der freien Natur jenem Giftcocktail ausgesetzt wären, der sie ungenießbar macht und vergiftet. Viele fragen sich, wie es so weit kommen konnte, doch werden sie niemals eine Antwort bekommen. Der Mensch hat sich selbst an den Rand seiner Ausrottung gebracht und das nur, weil man uns glaubhaft versicherte, dass nur veränderte Lebensmittel die Vielzahl an Menschen auf unserem blauen Planeten ernähren könnten. Oh, wie leichtgläubig wir doch waren und den Aussagen jener vertrauten, die nur eines im Sinn hatten: Reich und noch reicher zu werden.

Anfangs schien es noch so, als hätten sie recht gehabt, denn dank der veränderten Genetik fast aller Getreidesorten ernteten wir riesige Mengen des Getreides und verarbeiteten es weiter. So gelangte es in unsere Nahrungskette. Wir aßen das Brot, ohne zu ahnen, welche Folgen es haben würde. Wir genossen den süßen Kuchen ohne Bedenken, dass er irgendwann zu einer bitteren Erfahrung würde. Wir tranken das Wasser, ohne zu ahnen, dass es, durchsetzt mit chemischen Rückständen, eigentlich ungenießbar war. Alles schien perfekt zu sein und so lebten wir sorglos unser Leben. Doch im Jahre 2080 wurde aus unserem Paradies langsam die Hölle.

Wie so oft wollten unsere Wissenschaftler eine neue, genetisch veränderte Nutzpflanze im offenen Feldversuch testen. Sie ahnten nicht, dass sie dieses Mal die Büchse der Pandora öffneten und jenen Flaschengeist freiließen, der das Ende des modernen Menschen einleitete.
Anfangs gab es nur wenige Menschen, die unerwartet an einer unbekannten Krankheit litten. Ihre Körper veränderten sich. Ihre Knochengerüste wurden dünner und dünner, bis sie das Gewicht des eigenen Körpers nicht mehr tragen konnten. Gesunde Menschen mutierten zu erbarmungswürdigen Kreaturen, die ihr Leben voller Schmerzen verbrachten. Je mehr Zeit verrann, umso größer wurde ihre Zahl. Zwar begann man, nach den Ursachen der Krankheit zu forschen, doch fand man ihren Ursprung nicht. Es stellte sich heraus, dass irgendetwas dem Körper das Kalzium in den Knochen entzog und somit als verantwortliches Übel galt. Doch wie konnte das passieren? Die Betroffenen hatten sich doch ganz normal ernährt, so wie Millionen andere. Auch gehörten sich nicht den bekannten Risikogruppen an, oder waren älter. Der Fluch unserer Tage konnte jeden Menschen, in jedem Alter und jeder Bevölkerungsschicht befallen. Somit standen die Forscher erneut vor einem Rätsel, das schnellstens

gelöst werden musste, da sich die Vorfälle explosionsartig häuften und alle Landesgrenzen und Kontinente regelrecht übersprangen. Eine weltweite Epidemie, wie sie die Menschheit noch nie erlebt hatte, schien sich anzubahnen. Zunächst geriet ein Virus in Verdacht, der Auslöser hierfür zu sein, doch führte diese Theorie rasch in eine Sackgasse und wurde daher verworfen. Nur jene, die wussten, worum es sich handelte, hätten zur Lösung betragen können, doch schwiegen sie bewusst und überließen uns unserem Schicksal. Daher widmete man sich den Bakterien, doch auch hier erlitten wir Fehlschläge, während sich die Seuche verbreitete. Längst hatte sie die entlegensten Orte der Erde erreicht und holte zu ihrem nächsten vernichtenden Angriff aus. Nun befiel sie auch unsere Nutztiere. Kühe, Schweine, Hühner, Schafe. Alle Wirbeltiere, die wir kannten, zeigten dieselben Symptome wie wir Menschen. Hatte der Mensch etwa die Krankheit zu ihnen gebracht? War es dieses Mal umgekehrt, da bisher die Erreger vom Tier auf den Menschen übertragen wurden? Das hatte es bis dato in dieser Form noch nie gegeben. Je schlimmer die Tragödie wurde, umso größer das Rätsel um die Herkunft der Seuche. Es schien, als würde sich die Natur des Menschen, und alles, was er geschaffen hatte, entledigen. Binnen weniger Monate reduzierte sich die Weltbevölkerung um fast 30 %

und ein Ende des großen Sterbens war nicht abzusehen. Das was wir Menschen einst getan hatten, schien unser Schicksal zu sein, die Ausrottung einer ganzen Spezies. Waren wir lange davon ausgegangen, dass wir unter unserer Kuppel in Sicherheit waren, so sollte sich diese Annahme als trügerisch erweisen. Die ganze Wahrheit wurde uns verschwiegen, denn unsere Medien brachten verstärkt Nachrichten, dass das Schlimmste überstanden sei. Viele glaubten es und schöpften neue Hoffnung, ohne zu ahnen, dass es sich hierbei um ein reines Wunschdenken handelte. Nur wenige Eingeweihte kannten die ganze Wahrheit, doch ihnen wurde der Mund verboten. Wehe, jemand wagte auch nur eine Andeutung in der Richtung zu machen. Sobald die, in den Augen der Herrschenden, „Aufrührer“ ausfindig gemacht wurden, ergriff man sie und verbannte sie aus den lebenserhaltenden Kuppeln, was meist damit endete, dass sie indirekt dem Tode geweiht waren.
Die Jahre vergingen und langsam sollte sich zeigen, dass die Seuche zurückging. Anscheinend gab es keine Population mehr, die ausreichte, sie zu verbreiten. Noch immer vegetierten wir unten unseren Kuppeln, denn anders konnte das, was wir als Leben bezeichneten, nicht genannt werden. Unsere Nachkommen kannten weder die klare Luft wie einst wir noch den Geschmack klaren Wassers. Alles was wir

zu uns nahmen, wurde ja desinfiziert und auf jede erdenkliche Weise gereinigt. Unsere Haustiere kannten weder das Grasen auf einer natürlichen Weide noch das Herumtoben im Freien. Stattdessen bestand ihre Nahrung aus einem Chemiecocktail, der auf ihre Bedürfnisse genau berechnet wurde.
Weitere 100 Jahre sollten vergehen. Längst hatte sich der Mensch an das Leben im geschützten Bereich gewöhnt. Nur jene, die von ihren Eltern und Großeltern noch die Geschichten kannten, da sie nicht eingesperrt waren und sich frei bewegen konnten, schienen sich daran zu erinnern. Doch auch diese verblasste nach und nach, bis sie zum Mythos über eine Welt wurde, wie sie sich niemand vorstellen konnte. Dass sich das Leben unter den Kuppeln auf den Menschen auch in anderer Hinsicht auswirken sollte, begriffen wir nur sehr langsam. Die Körper veränderten sich und passten sich den Gegebenheiten an. Unsere Organe, unsere Mägen, und unsere Skelette wären nicht imstande gewesen, in der Welt unserer Ahnen zu überleben. Krankheiten, wie eine Erkältung, hätten uns umgebracht, da wir uns an unsere sterile Welt gewöhnt hatten.

Die Natur außerhalb der geschützten Bereiche nutzte das Wegbleiben des Menschen auf ihre Weise. Tiere passten sich den neuen

Lebensbedingungen an und fanden eine neue Heimat. Es schien so, als wäre die Vorherrschaft des Menschen zu Ende. Zwar gab es durchaus einige die, eingehüllt in Schutzanzügen und mit eigener Luftversorgung, für kurze Zeit unsere Habitate verließen, doch wenn sie zurückkehrten, berichteten sie von jenen Ruinen, die einst die Heimstadt des Menschen war. Großstädte, in denen einst Millionen von uns gelebt hatten, waren zu Geisterstädten erstarrt, in denen sich neue Bewohner angesiedelt hatten. Sie berichteten von überwucherten Hochhäusern und Straßen, die nun einer undurchdringlichen Wildnis glichen, in der wir Menschen fehl am Platz waren. Daher zögerten viele, die Kuppeln zu verlassen. Wir wurden sogar aufgefordert, die Welt des Menschen neu zu erschaffen, um wieder jene Dominanz zu erreichen, wie sie vor der großen Seuche war. Doch reichte überhaupt die Anzahl von uns aus, um dieses Ziel zu erreichen, oder waren wir so weit dezimiert, dass es nur der Traum jener war, die im Stillen darauf hofften? Einzig allein unser Überlebenswille und die Zeit konnte diese Frage beantworten. Wir ahnten nicht, dass es tatsächlich einige wenig Urvölker gab, die wir einst in Reservaten gehalten hatten. Einst hatten wir sie als primitiv angesehen, da ihnen unsere moderne Welt fremd war. Sie kannten weder Strom, noch verpackte und genormte Lebensmittel, sondern lebten von dem, was ihnen die Natur von sich aus bot. Das was wir einst als Schwäche ansahen, sollte sich als ihre größte Stärke erweisen. Ihre Urinstinkte sollten das Fundament des neuen Menschen bilden, während wir, die wir uns einst als zivilisiert ansahen, dem Untergang geweiht waren. Wir starben aus und schufen Platz für eine neue Art von Menschen. Menschen, die es schafften, im Einklang mit der Natur zu leben. Das Leben unserer Rasse begann von Neuem und wenn nichts Außergewöhnliches passierte, würden sie uns vielleicht eines fernen Tages gleich sein. Das Schicksal des Menschen könnte sich wiederholen, doch kann man nur hoffen, dass es ihnen gelingt, nicht jene Fehler zu machen, wie wir es taten.

Restrisiko

Wenn Wissenschaftler neue Wege gehen mag das im Sinne unserer modernen Welt sein. Völlig anders sieht es jedoch dann aus, wenn sie bewusst unbekannte Risiken eingehen.

Bestes Beispiel hierfür ist die Entwicklung der Atombombe. Wurde sie anfangs von vielen befürwortet, so steht sie heute für die Geißel der Menschheit. Viele von denen, die sie einst mitgebaut hatten, würden sie am liebsten verbannen, doch gibt es jene Fraktion, die glaubt, dass ohne die Bombe der Weltfrieden bedroht sei. Sie, so ihre Befürworter, ist der Garant des Friedens. Längst sind wir dank der A- und H-Bomben in der Lage, unsere Erde binnen weniger Minuten zu einem unbewohnbaren Planeten zu machen, der leblos seine Bahn um die Sonne zieht. Ja es geht so weit, dass sie stolz darauf sind, diese ultimative Waffe in ihrem Arsenal zu haben. Bei Planspielen, wie sie gern von den Militärs immer wieder durchgespielt werden, spricht man längst nicht mehr nur vom Erstschlag, sondern zieht einen Zweitschlag in die Überlegungen mit ein. Mit Letzterem sollen die verbliebenen Bunker mittels H-Bomben vernichtet, und damit der „Gegner“ eliminiert werden. Wehe wenn jene zu der Überzeugung kommen, dass die Möglichkeit besteht, die andere Seite auszulöschen, während man selbst überlebt und neu anfangen kann. Wer glaubt, dies sei nur eine Vision, der irrt, denn ganze Heerscharen an Strategen und Wissenschaftlern tun genau das. Dass sie dabei ein unkalkulierbares Restrisiko eingehen, wird gerne übersehen. Doch ist dies ebenfalls nichts Neues, wie die Geschichte uns lehrt:

Kurz bevor der erste Atomtest in Nevada stattfand, äußerten einige die Bedenken, dass entweder der ganze Staat vernichtet werden könnte, oder dass dieser Test die Atmosphäre der Erde entzünden könne und der Test abgesagt werden müsse. All diese Bedenken wurden von den Politikern ignoriert, denn sie wollten unbedingt die neue Waffe. Zum Glück für die Menschheit haben sich jene geirrt, welche gegen die Bombe waren. Dennoch werden die Namen Hiroshima und Nagasaki für alle Zeit im Gedächtnis der Menschen verbleiben und der 6. August 1945 einen traurigen Platz in der Geschichte einnehmen. Längst besitzen nicht nur die USA und Russland Atom- und Wasserstoffbomben. Viele andere Staaten rühmen sich damit ebenfalls, diese ultimative Waffe zu besitzen. Es ist daher im Grunde ein Wunder, dass sie bisher noch nicht wieder eingesetzt wurde. Dieses Restrisiko wird bis heute unterschätzt und ich bin mir sicher, hätten jene geahnt, wozu ihre Entwicklung geführt hat, sie hätten sie niemals vollendet.

Wie aber würde unser Planet aussehen, wenn es zum Einsatz dieser Bomben käme. Was würde aus dem Menschen? Vielleicht das, was ich nun schildere:

Der Bunker

Nun sitzen wir schon so viele Jahre hier unter der Erde. Dabei hatte man uns doch versprochen, dass wir nach wenigen Monaten ihn wieder verlassen könnten. Wie konnten wir nur so blauäugig sein, diesen Versprechen zu glauben. Dabei begann alles so harmlos, so als sei es ein Krieg wie jeder andere.
Wir waren den Lügen unserer Politiker gefolgt, die uns blühende Landschaften und eine fantastische Zukunft versprachen. Oh wie blind waren wir doch, ihnen zu folgen. Zu Anfang des Konflikts hatte man versucht, den Krieg mit konventionellen Waffen zu führen, doch je länger er dauerte, umso mehr eskalierte die Situation. Dann aber kam jener Punkt, wo einer von ihnen die Nerven verlor und den Einsatz der Kernwaffen befahl. Wir, die Bevölkerung, wurden hierüber nur am Rande informiert und gebeten, doch Schutzräume aufzusuchen. Über die wahren Absichten ließ man uns im Unklaren.
So begaben wir uns unter die Erde. Zwar vernahmen wir das Geräusch der Bomben und spürten, wie unser Habitat erschüttert wurde, doch hielt es den entfesselten Gewalten stand. Nach wenigen Stunden hörte all das auf. Es wurde still und ruhig. Das Schlimmste schien überstanden zu sein und wir freuten uns darauf, bald den Bunker verlassen zu dürfen. Daher waren wir umso enttäuschter, dass die dicken

Türen verschlossen blieben. Das hatte man uns so nicht versprochen.
Die Tage vergingen und wurden zu Monaten. Wie kleine Kinder fragten wir immer wieder nach, wann die Türen geöffnet würden. Immer wieder bekamen wir dieselbe Antwort. „Bald“. Nicht ein Wort, nicht eine Erklärung über das, was sich an der Oberfläche abspielte, sondern nur dieses eine Wort, bald.
Waren wir anfangs noch zuversichtlich, wenn nicht sogar euphorisch und freuten uns darauf, in unsere Wohnungen und Häuser zurückzukehren, so veränderte sich die Stimmung, je länger wir hier unten saßen. Manch einer fragte sich, wie es wohl da draußen aussah. Man hatte uns doch blühende Städte und Landschaften versprochen. War das alles nur eine Lüge, ein schöner Traum, aus dem man nicht erwachen wollte? Dabei wussten wir zugleich, dass sich die Erde nach dem Atomschlag verändert hatte, doch genau das wollten wir nicht wahrhaben.
Nach dem ersten Jahr hier in den Wänden aus Beton machte sich erste Resignation breit. Gerade bei den Älteren unter uns schwand die Hoffnung, jemals wieder die Sonne zu sehen. Immer mehr von ihnen wurden still. Sie gaben auf und starben, ohne dass es dafür einen ersichtlichen Grund gab. Als man die ersten Leichen fand, versuchte man, uns weiszumachen, dass sie aus Altersgründen gestorben waren.

Die Uhr ihrer Lebenszeit war eben abgelaufen. Über die wahren Ursachen ließ man uns im Unklaren. So, als ob dies der Auftakt für eine Seuche war, griff die depressive Stimmung und ihre Folgeerscheinung um sich. Selbst die Stimmen jener Fanatiker, die einst den Angriff mit Atomwaffen befürwortet und schöngeredet hatten, verstummten. Erkannten sie, welchem Irrtum sie erlegen waren, oder glaubten sie immer noch an die schöne heile Welt da draußen? Keiner wagte sie zu fragen. Stattdessen starrten wir immer wieder auf die verschlossene Türe.
Bald, bald würde sie sich öffnen und uns in die neugewonnene Freiheit entlassen. Nur noch ein wenig gedulden und ausharren. Unser Lohn würde jenes Paradies sein, das man uns versprochen hatte. Wie eine Herde Schafe folgten wir den Worten unserer Hirten. Einst musste Moses vierzig Jahre durch die Wüste ziehen, um in das gelobte Land zu gelangen, was machen da schon ein paar Jahre hier tief unter der Erde. Die Zuversicht auf unser verdientes Erbe ließ uns durchhalten, auch wenn es von Tag zu Tag schwerer wurde.
Konnten wir uns anfangs noch von frischen Lebensmitteln, die man vorsorglich in großen Mengen hier in die komplexe und weitläufige Bunkeranlage eingelagert hatte, ernähren, so bestand unsere jetzige Nahrung aus monotoner Kost, die man wie auch immer herstellte. Was

hätte manch einer für einen Apfel, für ein Stück Fleisch, oder ein paar Trauben gegeben. Doch gab man uns eine Art undefinierbaren grauen Brei zu essen, der keinerlei Geschmack hatte. Da war nichts mehr mit einem abwechslungsreichen Menü, da war nichts mehr mit edlem Wein, oder einem süßen Dessert. Aus Feinschmeckern wurde eine Schar grauer Gestalten, die nur noch etwas zu sich nahmen, um zu überleben. Unseren Kindern erzählten wir Geschichten über jene Tage, da wir barfuß durch das tiefe Gras gelaufen waren. Wir schenkten ihnen Illusionen und belogen uns im Grunde doch nur selbst. Würden eines fernen Tages aus unseren Erzählungen und Geschichten reale Begebenheiten, oder übergaben wir unseren Nachkommen eine Welt, die unbewohnbar war? Was wäre, wenn ihre Träume von einer heilen Welt zu einem grausamen Monster würden, das ihre Träume zerstörte. Würden sie uns fragen, warum wir es zugelassen hatten? Wie würden wir ihnen antworten. Mit der Wahrheit oder einer weiteren Lüge? Gab es überhaupt dort draußen noch eine Zukunft? Sie, unsere Kinder, kannten doch nur die weitläufigen Gänge und Räume hier im Bunker. Würden sie überhaupt mit der Welt da draußen klarkommen, oder sich furchtsam in ihre Welt hier unter der Erde zurückziehen? Regen, echte Sonnenstrahlen, Schnee, oder gar ein Gewitter mit

Blitz und Donner, wären ihnen fremd und unheimlich. Hätten sie überhaupt die Kraft und den Mut, sich der neuen Welt da draußen zu stellen, oder sahen sie ihre Zukunft hier unten, in einer Welt, die ihnen vertraut war. Würden sie gar Maulwürfen gleich hier eine neue Welt aufbauen, einer Welt, die wir ihnen durch unser leichtsinniges und gutgläubiges Verhalten geschaffen hatten? Mir graust es bei dieser Vorstellung, da ich noch jene Erde kannte, die grenzenlos erschien. Der Mensch galt als sehr anpassungsfähig, da er ansonsten nicht so lange den Kräften und den Gefahren der Natur widerstanden hätte, doch war er es selbst, der jene Gefahr heraufbeschworen, und uns in die jetzige Situation gebracht hatte. Würde sich der Mensch den neuen Gegebenheiten anpassen, oder würde er sich so verändern, dass ihm ein Leben an der Oberfläche unmöglich wäre? War das unser Erbe an die nächsten Generationen? Im Grund wäre es so, als hätte der Mensch die Erde verlassen, um sich auf einem neuen Planeten niederzulassen, zumindest kam es mir so vor. Wie würde er auf einer Welt klarkommen, die er nur aus Erzählungen, schönen Bildern und glorreichen Versprechungen kannte.

Ein weiteres Jahr zog ins Land, und noch immer blieb die Türe dort oben verschlossen. Längst fragten wir nicht mehr, ob und wann sie geöffnet würde, da viele von uns Älteren keine Kraft mehr besaßen. Die Monotonie des Bunkerlebens trieb uns in die Lethargie. Wir saßen herum, redeten immer weniger miteinander und vegetierten letztendlich vor uns hin in Erwartung der Erlösung durch den Tod. Das Leben schien zu enden und wenn jemand von uns spürte, dass sein Ende nahte, so zog er sich zurück um ganz allein für sich den Tod zu erwarten. Alles andere schien sinnlos und besser als das Leben. Für jene aber, und das waren unsere Kinder, schien es noch Hoffnung zu geben. Aus Kindern wurden Erwachsene, die sich anschickten, neue Familien und damit eine neue Generation von Menschen zu erschaffen. Jene Generation, die noch eine blühende Erde kannte, starb nach und nach weg. Ihre Geschichten wurden zu Mythen und Sagen.

Dann, urplötzlich geschah genau das, worauf wir immer gehofft hatten. Die schwere Tür zum Bunkerausgang öffnete sich. Zögerlich, ängstlich und ungläubig machten sich die Ersten daran, die neue Welt zu begrüßen, eine Welt, die, würden die Versprechungen der Mächtigen sich bewahrheiten, schöner war, als jene, die wir einst verlassen hatten. Würden die ersten Sonnenstrahlen uns freudig willkommen heißen, oder unsere Hoffnungen wie eine Seifenblase zerplatzen? Je näher es zum Ausgang ging, umso fröhlicher wurde die Stimmung. Die

wenigen, die einst von der Oberfläche gekommen waren, erinnerten uns, wie es einst gewesen war. Gab es noch unsere heile Welt, die wir verließen, bevor wir zu Ratten im Untergrund wurden? Mit jedem Schritt mit jedem Meter, da wir uns dem Licht am Ende des langen Tunnels näherten, stieg unsere Hoffnung auf ein neues Leben. Endlich wieder frische Luft, endlich wieder natürliches Licht und Wärme, endlich wieder Leben!
Was für ein Schock! Kaum dass die Ersten von uns die neue Freiheit erlebten, schlug die Wahrheit erbarmungslos zu. Wo waren die versprochenen blühenden Landschaften, wo unsere Häuser und Wohnungen, von denen man uns versprochen hatte, dass sie unversehrt bleiben würden? Wo war der blaue Himmel, wo die grelle Scheibe der Sonne? Nichts von den Versprechungen schien sich zu bewahrheiten. Im Gegenteil. Von unserer wunderschönen Stadt, die wir einst so geliebt hatten, war nichts mehr zu sehen. Stattdessen sahen unsere Augen ein Trümmerfeld aus Beton und zum Himmel klagend reckenden Holzbalken, die längst vom Gestrüpp jener Pflanzen überwuchert waren, die den Suizid überlebt hatten, den wir selbst ausgelöst hatten. Schöne neue Welt. In diesem Chaos sollten wir neu beginnen? Die Enttäuschung in den Gesichtern der Menschen war mehr als nur deutlich. Selbst der stärkste

Optimist erkannte, wie sehr er einer Lüge und falschen Versprechungen aufgesessen war. Jene Fanatiker unter uns, die bis zu diesem Zeitpunkt geglaubt hatten, eine bessere Welt vorzufinden, sahen sprachlos auf das, was sie stets in flammenden Reden immer wieder verkündet hatten. Würde nun der Zorn der Überlebenden über sie hereinbrechen? Würde man sie jagen oder gar Schlimmeres. Wo waren jene Politiker, die einst so laut geschrien und das Volk eingeschworen hatten. Niemand von ihnen war hier, um uns Rede und Antwort oder gar eine Erklärung für das Unfassbare zu geben. Spätestens jetzt erkannten wir den Irrtum und fragten uns, wie wir so dumm sein konnten, ihnen geglaubt zu haben. Auf dieser Welt würde kein moderner Mensch überleben können. Ich fühlte mich in die Zeit zurückversetzt, hin zu den Anfängen des Menschen auf Erden, da er in Höhlen hauste. Würde es genauso kommen, wie einige weitsichtige Wissenschaftler vorhergesagt hatten. Würden wir, wie einst die Menschen der Steinzeit, unseren Planeten neu erobern müssen. Welche Gefahren würden auf uns warten und würde die Umwelt überhaupt einen Neubeginn zulassen. Wie stand es mit der Halbwertzeit der Strahlung, war die unsichtbare Gefahr wirklich schon gebannt, oder waren die Verantwortlichen so unverantwortlich, dass sie uns erneut belogen, in der Hoffnung, wir würden es nicht merken. Spielten sie mit uns nur, um ihre eigenen Handlungen zu rechtfertigen? Gab es überhaupt die Möglichkeit, sie zur Rechenschaft zu ziehen, da es doch niemanden gab, der bereit war, es zu tun, oder würde diese Bürde unseren Kindern auferlegt. Würden sie es schaffen, aus den Trümmern unserer eigenen Verblendung eine neue Welt zu erschaffen, oder würde das Menschengeschlecht untergehen wie so viele Spezies vor ihm. Nur in der Zukunft, die ich sicher nicht mehr erleben werde, lag die Antwort. Waren unsere Kinder mutig genug, neu auf Erden zu beginnen, oder würden sie sich auf den Weg machen, eine neue Welt zu finden. Würde ihr Weg hier auf Erden enden und sie hinaus zu den Sternen streben, in der Hoffnung, dort eine bessere Welt zu finden. Eine Welt, wie wir sie ihnen versprochen hatten?

Ist dieses Szenario etwa eines von jenen, das sich ein Schriftsteller ausdachte, da er ein Bild von Hieronymus Bosch sah, oder entsprang es doch den Gedanken einer realen Vorstellung? Allein die Zukunft wird die Frage beantworten können. Zugleich können wir nur hoffen, dass es niemals so weit kommen wird, da der Mensch sich selbst in seinem Glauben an seine Allmacht überschätzt.

Die Mächte der Schöpfung

Während es bisher meist um von Menschen gemachte Ereignisse ging, die vermeidbar gewesen wären, so widme ich mich nun jenen Kräften und Ereignissen, gegen die der Mensch machtlos ist. Wie würden wir damit umgehen, wenn Katastrophen oder Veränderungen der natürlichen Umgebung auf unserer Erde eintreten. Viele Veränderungen ergeben sich dabei nicht abrupt und sind daher vorhersehbar, auf dass wir Menschen uns darauf vorbereiten und uns anpassen können.

Völlig anders sieht das bei Katastrophen aus, die plötzlich, wie aus heiterem Himmel, auftreten. In diesem Kapitel werde ich auf beide Formen eingehen und versuchen, darzustellen, was passieren könnte und ob wir uns dagegen wehren können. Dabei greife ich, soweit es möglich ist, auf Ereignisse in der Vergangenheit zu. Welche Lehren haben wir daraus gezogen und welche, präventiven Maßnahmen sind noch möglich. Was würde aus dem Menschen bei plötzlichen Ereignissen, die globale Auswirkungen haben. Wie würden wir reagieren, wenn das Unabwendbare geschieht. Die hierzu geschilderten Szenarien beruhen teilweise auf meiner eigenen Einschätzung, aber auch auf Gesprächen mit zahllosen Wissenschaftlern, die ich im Vorfeld hierzu geführt habe. Ich selbst beschäftige mich seit vielen Jahrzehnten mit Vulkanen

und Erdbeben. Das hat jedoch wenig mit Sensationsgier oder gar Katastrophentourismus zu tun, sondern damit, dass ich versuche, die Vulkane zu verstehen.
Lassen sie mich mit den feuerspeienden Bergen, den Vulkanen der Erde, beginnen und zunächst einen Blick in die Vergangenheit werfen:

Der schwerste Ausbruch in der jüngeren Menschheitsgeschichte war zweifelsohne der Ausbruch des Santorin um 1.600 vor Christi.

Dass sich bei meinen Nachforschungen ausgerechnet die Bibel, gemeint ist die Mosesgeschichte aus dem Alten Testament, als sehr hilfreich erweisen sollte, ahnte ich damals nicht. Dort ist von Plagen die Rede, welche die Ägypter heimsuchten, damit sie die Israeliten ziehen ließen. Lange hielt man diese Berichte für unglaubwürdig, doch steht inzwischen fest, dass sie im Grunde sehr genau beschreiben, was damals geschah. Aufgrund moderner Technik und dem Wissen heutiger Tage konnte festgestellt werden, wie sich der Ausbruch abspielte, aber auch warum das Volk der Minoer aufhörte zu existieren.

Schon damals war der Vulkan von Santorin nicht als Vulkan im üblichen Sinne erkennbar. Es gab weder einen Berg, geschweige denn

einen sichtbaren Vulkan, sondern nur ein fast kreisrundes Loch, das mit Wasser gefüllt war. Diese Form von Kratern wird als „Caldera“ bezeichnet. Weltweit gibt es zahlreiche solche Calderenvulkane, wie den Yellowstone in den USA oder auch den Tobasee in Indonesien. Oft werden diese Vulkane als Supervulkane bezeichnet, was jedoch nur bedingt stimmt. Doch zurück nach Santorin.
Über viele Jahrhunderte hatte sich der unsichtbare Riese nicht geregt. Dabei lag die Hauptstadt Tera der Minoer direkt am Rande der Caldera. Die Menschen jener Tage ahnten nicht, dass sich unter ihren Füßen ein Monster befand, das sich jederzeit regen konnte. Ob es vor dem Ausbruch die typischen Warnzeichen für einen bevorstehenden Ausbruch gab, ist zwar wahrscheinlich, aber es konnten die Menschen jener Tage nicht ahnen, was sie zu bedeuten hatten.
Irgendwann begannen aus dem unsichtbaren Krater Gase aufzusteigen, denen glühendes Gestein in Form von Lavabrocken folgte. Heute wissen wir, dass Beben den unsichtbaren Schlot destabilisierten und sich im Untergrund Risse auftaten, aus denen der Auswurf erfolgte. Ebenso unbekannt ist, ob die Menschen der Stadt erkannten, was auf sie zukam. Einige Schriften erwähnen jedoch, dass einige von ihnen die Insel verließen und sich auf die Seereise nach Kreta aufmachten.

In der nächsten Phase gelangte das Wasser der Caldera in den nun geöffneten Schlot, woraufhin es mit dem aufsteigenden Magma reagierte. Die Explosion muss unvorstellbar gewesen sein und zerstörte einen Großteil der Insel. Eine riesige Rauchsäule musste damals über dem östlichen Mittelmeer gestanden haben, die sich durch Winde nach Osten und damit in Richtung des heutigen Israel und Ägypten bewegte. Spätestens hier findet sich der Hinweis aus der Mosesgeschichte, wo geschrieben steht: „… und es wurde am Tage plötzlich Nacht."
In der dritten Phase des Ausbruchs brach die Säule über der Caldera zusammen, wobei zunächst die festen Bestandteile in Form glühender Lavabrocken auf die Erde prasselten. Auch dies ist in der Mosesgeschichte niedergeschrieben. „Und es kam Feuer vom Himmel", steht dort. Auf Santorin selbst kam es zu einem regelrechten Feuerregen, der sich nicht nur auf die Insel selbst begrenzte, sondern auf die weitere Umgebung niederging. Wer nun glaubt, das Schlimmste sei überstanden, sollte sich irren, denn nun holte der Ausbruch zu einem weiteren Schlag aus. Mit dem Zusammenbrechen der Säule raste nun eine Wolke aus glühend heißem Staub über die Insel hinweg, die es sogar schaffte, über das Meer zu gleiten und, nach neuen Erkenntnissen, selbst Kreta erreichte. Alles was mit dieser Wolke in Berührung kam,

wurde völlig vernichtet und für immer ausgelöscht.

Das Finale des Ausbruchs deutete sich an, als die entleerte Magmakammer des Vulkans zusammenbrach. Hierbei entstand eine Flutwelle, die nach verschiedenen Quellen über 100 Meter hoch war und über das Meer raste. Dieser Tsunami forderte weitere Menschenleben und richtete überall in der Ägäis riesige Schäden an. Manche Forscher vermuten, dass hier die Sage von der Sintflut ihren Ursprung hat. Nach dem Ausbruch galt die einstige Hochkultur der Minoer als ausgelöscht, da sie in den folgenden Beschreibungen verschiedener Geschichtsschreiber nicht mehr erwähnt wird. Erst in den letzten Jahrhunderten unserer Zeit fand man die Überreste der Stadt Tetra und kam so dem rätselhaften Verschwinden des Volkes und dem damit verbundenen Ausbruch des Santorin auf die Spur. Nach dem sogenannten Vulkan Eruptions Index, kurz VEI hatte Santorin eine Stärke von 7.

Damit man versteht, wie heftig der Ausbruch war, hier eine kleine Erklärung des VEI. Der Index gibt die ausgeworfene Menge an Material eines Vulkans an. Sie reicht von 1 – 8. Ein Ausbruch der Stärke 2 ist damit 10 mal stärker als der eines VEI 1, ein Ausbruch der Stärke drei 10 x stärker als der eins VEI 2, oder um es einfacher zu formulieren, um einen höheren Wert im Vulkan Eruptions Index zu erreichen, muss ein Ausbruch 10-mal stärker sein, als der niedrigere Wert. Um es zu begreifen und anschaulicher zu machen, hier die Werte einiger bekannter Ausbrüche:

Als **1815 der Tambora** ausbrach, schaffte er es auf einen Wert von VEI 7 und gilt damit als der stärkste Vulkanausbruch der Neuzeit.
Der Ausbruch des **Krakatau vom 1893** erreichte einen Wert von VEI 6.
Als der **Mt. St. Helens 1980** ausbrach, schaffte er es auf VEI 6.
1991 brach der Pinatubo in Indonesien mit einer Stärke von VEI 6 aus. Auf diesen Ausbruch werde ich später noch einmal genauer eingehen.
Zum direkten Vergleich:

In der Vergangenheit, lange vor der Geschichte des Menschen, gab es nach Ansicht der Forscher nur wenige Vulkane, die es auf einen Wert von VEI 8 schafften, dazu zählen der Yellowstone und der Toba.
Jeder Vulkanausbruch fordert Opfer und bringt viel Leid. Dank vieler Beobachtungen hat der Mensch gelernt, wie sich Vulkane verhalten. Zwar können wir bis heute, trotz modernster Möglichkeiten, noch immer nicht genau vorhersagen, wann und wie heftig ein Vulkan ausbricht, doch haben wir gelernt, die Vorzeichen

besser zu deuten und frühzeitig Warnungen auszugeben.
Das beste Beispiel hierfür ist der Ausbruch des Pinatubo in Indonesien im Jahre 1991. Die Geologen erkannten das Verhalten des Berges bereits Monate vor dem Ausbruch und gaben entsprechende Warnungen heraus. Fast auf den Tag genau, brach der Vulkan aus. Zwar gab es auch hier zahlreiche Todesopfer und große Verwüstungen, doch ohne die Vorhersage wären die Opferzahlen weit höher gewesen. Ebenso verhielt es sich mit dem Ausbruch des Mt. St. Helens 1990. Solange die Regierenden die Warnungen ernst nehmen, können Opferzahlen vermieden werden, doch gibt es immer noch Verantwortliche, welche sie ignorieren, weil sie politische und wirtschaftliche Folgen befürchten.
Aufgrund der bisher geschilderten Fakten könnte sich das folgende Szenario jederzeit abspielen:

Schauplatz ist die Ortschaft Pozzuoli westlich von Neapel. Der Ort ist bekannt für die „Campi Flegrei", einem Caldernvulkan, ähnlich dem Yellowstone.

Die Bewohner des Ortes hatten sich längst daran gewöhnt, dass sich ihr Ort und die umgebende Landschaft immer wieder hebt und senkt. Ursache für diese Bewegung ist die unterirdische Magmakammer, die sich füllte und leerte, ohne dass es je zu einem nennenswerten Ausbruch kam. Zudem waren die Felder mit ihren kochenden Schlammtöpfen und ihren Fumarolen ein beliebtes Forschungsgebiet für Geologen aus aller Welt und für Touristen einer der wenigen Plätze, wo die Kräfte der Natur für jedermann deutlich sichtbar wurden. Die ständigen Ausdünstungen und weißen Rauschwaden und Schwefelgase, die ununterbrochen von den Feldern aufstiegen, gehörten für die Bewohner des Ortes zum Alltagsbild. Nur wenige der Besucher ahnten wohl, dass sie sich im Krater eines unsichtbaren Ungeheuers befanden, das sich unter ihren Füßen befand. Noch weniger wussten sie, dass sich der Vulkan weit über die sichtbaren Grenzen des Landes bis in den Golf von Neapel erstreckte. Vulkane, das waren für sie Berge wie der Vesuv mit einem großen Krater an der Spitze. Die älteren Bewohner dieser Perle am Mittelmeer hatten den letzten Ausbruch des Vesuvs von 1944 noch erlebt, doch war dieser nicht mit jenem aus dem Jahr 79 vergleichbar. Seine Relikte waren längst zur Attraktion geworden, nachdem man die Orte Herkulaneum und Pompeji entdeckt hatte und begann, sie auszugraben. So etwas gab es in Pozzuoli zwar nicht, dafür aber konnte man den Atem des Vulkans hautnah erleben, spüren und riechen.

Als sich das Land erneut langsam hob, schien alles in bester Ordnung zu sein. So verbrachten die Bewohner und Besucher weiterhin ihre Tage ohne große Sorgen, nicht ahnend, dass es völlig anders kommen würde, als man es gewohnt war. Zwar bemerkten sie eine zunehmende Aktivität der für die Felder typischen Vorgänge, doch hatte es diese schon mehrfach in der Vergangenheit gegeben. Als einzige Vorsichtsmaßnahme wurden die Zugänge zu den Feldern gesperrt, in der Hoffnung, dass sie bald wieder geöffnet werden konnten. Nur ausgewiesenen Geologen war es gestattet, die Felder zu betreten, um ihre Messungen vorzunehmen. Dass sie dabei eine zunehmende Konzentration an Schwefelgasen und Wasserstoff vorfanden, wurde zunächst verschwiegen. Schließlich sollte keine unnötige Panik aufkommen. Es kam immer mal wieder vor, dass so etwas passierte, doch war ein Ausbruch stets ausgeblieben. Daher waren die Geologen auch dieses Mal mit ihren Einschätzungen sehr zurückhaltend. Schließlich fehlten die eindeutigen Anzeichen, wie ein vulkanischer Tremor, die eine Evakuierung der Stadt und der weiteren Umgebung rechtfertigten. Immerhin lebten Millionen von Menschen hier und hätte man eine weiträumige Räumung des Ortes und des nahegelegenen Neapels empfohlen, so wäre ein Chaos unvermeidbar gewesen, ganz abgesehen von den wirtschaftlichen Schäden, falls man sich geirrt hätte. Daher beschlossen die Wissenschaftler, die Felder nur genauer zu beobachten, um im Falle eines Falles frühzeitig Alarm auszulösen. Für den Vesuv gab es schon lange solche Pläne, aber eben nicht für die Felder. Die Hoffnung, dass die Aktivitäten bald wieder zurückgingen, machte sie leichtsinnig in ihren Einschätzungen, zumal die politisch Verantwortlichen sie nötigten, sich mit ihren Einschätzungen zurückzuhalten. Hinzu kam, dass noch niemand einen Ausbruch dieser besonderen Form von Vulkanen erlebt hatte. Somit fehlten die nötigen Erfahrungswerte, um die wahre Gefahr einzuschätzen.

Als daher mitten in einer warmen Sommernacht die Sirenen heulten, schreckten die Bewohner auf. Was hatte das zu bedeuten?, fragte sich so mancher, als man sie aufforderte, ihre Wohnungen und Häuser zu verlassen. Widerwillig und sichtlich genervt kam man der Aufforderung nach, auch wenn man lieber weitergeschlafen hätte. So stiegen die Bewohner in ihre Fahrzeuge, oder machten sich zu Fuß auf den Weg, um sich in den umliegenden Ortschaften in Sicherheit zu bringen. Dass der Radius um die Felder viel zu gering war, um der sich anbahnenden Gefahr zu entrinnen, ahnten sie ebenso wenig wie das, was sich unter dem Golf

anbahnte. Die Kräfte aus dem Erdinneren begannen damit, die dünne Kruste über den Feldern zu erschüttern und aufzureißen. Zwar hofften die Geologen dass es sich um einen moderaten und damit lokal begrenzten Austritt von Gasen und heißem Wasserdampf handeln würde, doch sollte sich diese Einschätzung als völlig unzureichend erweisen.
Mitten in den Feldern öffnete sich ein tiefer Riss, aus dem zur Überraschung allererste Lavafontänen herausschossen. Dass dies nur der Auftakt für einen Ausbruch werden sollte, wie ihn Europa noch nicht erlebt hatte, konnte niemand ahnen. Mit dem Beginn der Eruption traten nun vermehrt starke Beben auf und zerstörten fast alle Gebäude von Pozzuoli. Der Ort wurde zum Erschrecken seiner Bewohner regelrecht eingeebnet. Doch auch Neapel sollte erfahren, wie sehr man die Gefahr unterschätzt hatte. Hier kam es binnen kürzester Frist zu völliger Panik, nachdem die Wellen der Beben die Stadt erreichten und verheerende Schäden anrichteten. Die engen Gassen und Straßen der Metropole waren eben nicht für eine schnelle Räumung geeignet. Außerdem vertraute man den Aussagen des Observatoriums am Fuße des Vesuvs. Die dort tätigen Mitarbeiter hätten doch sicher eine frühzeitige Warnung ausgegeben. Dass hier die Erfahrungen mit einem derartigen Ausbruch fehlten, überforderte die

Verantwortlichen völlig. Nur so war zu erklären, dass keine Reaktion erfolgte. Als die ersten Gebäude von Neapel in sich zusammenfielen und zahllose Menschen unter sich begruben, erkannten die Menschen, wie hilflos sie den Gewalten der Natur ausgesetzt waren. Rund um Neapel verstopften sich binnen Kurzem sämtliche Fernstraßen, was zu einem zusätzlichen Chaos führte.

Mitten in dieses Szenario kam es zu einer ersten wirklich großen Eruption der Felder. Ein ohrenbetäubender Klang und eine Druckwelle, wie man sie noch nie erlebt hatte, lagen in der Luft und zeigten das endgültige Erwachen des unsichtbaren Vulkans an. Eine riesige Wolke aus grauem Staub und glühender Asche bildete das Fanal der sich anbahnenden Katastrophe. Binnen kurzem erreichte diese todbringende Wolke eine Höhe von mehr als 50 Kilometern und es schien, als würde sie weiter in die Höhe schießen. Fast unverzüglich erfolgten nun die ununterbrochenen Warnungen im ganzen Land und zugleich die Bitte, die Vertriebenen aufzunehmen. Dass diese Maßnahme nicht ausreichte, zeigte erneut die Ohnmacht der Menschen gegenüber den Mächten aus dem Erdinneren. Nur wenige Stunden nach der ersten Eruption wurde es mitten am Tag stockfinster über Italien. Das Leichentuch der Verdammnis legte sich über das Land. In Rom hoffte man inständig, dass man verschont bliebe. Schließlich lag man in sicherer Entfernung zum Zentrum des Vulkans. Wie sehr man sich irrte, begriffen die Bewohner der heiligen Stadt erst, als die ersten glühenden Lavabrocken über der Stadt niedergingen. Gebäude, Denkmäler und selbst der Petersdom wurden von ihnen wie in einem Bombenhagel getroffen. Nun kam auch hier Panik auf und viele begannen auf den Straßen zu beten, in der Hoffnung, dass die Allmacht Gottes sich anschicken würde, ihre Stadt zu verschonen. Schließlich lebte hier der Papst und damit der Stellvertreter Christi auf Erden. Seine Bitten würden sicher ausreichen, das Schlimmste abzuwenden. Als würde man in der Zeit zurückreisen, glaubten die Menschen im ganzen Land, so wie einst im Mittelalter, dass allein der Glaube ausreichen würde, das Ungeheuer wieder in seinen Käfig einzusperren.

Derweil begann sich im Zentrum des Ausbruchs die nächste Phase der Zerstörung anzubahnen. Die gesamte Caldera begann, sich zu senken und letztendlich einzustürzen. Ein gigantisches Loch bildete sich am Golf und die Wassermassen des Mittelmeeres strömten hinein. Tief unten, am Rande der Erdkruste, traf es auf glutflüssiges Magma, wo es sich sofort in Wasserdampf verwandelte. Die vorletzte Phase der größten Katastrophe in Europa nahm ihren Beginn. Durch das Ausdehnen der Gase erhielt

der Vulkan neue Energie. Erneut schoss eine gewaltige Säule aus dem entstandenen Krater und riss dabei große Mengen an festem Gestein aus der instabilen Erdkruste mit in die Höhe. Die Säule der Zerstörung war nun fast überall zu sehen, da sie in Höhen schoss, die niemand erahnte. Bis an den Rand der Atmosphäre raste sie, wo sie sich wie ein gigantischer Pilz ausdehnte. Nun wurden auch die umliegenden Länder Italiens in Mitleidenschaft gezogen. Über ganz Europa veränderte sich das Tageslicht. Aus dem noch tags zuvor hellen Sonnenschein wurde ein grauer Nebel, der jegliche Grenzen ignorierte. Selbst an den weit entfernten Küsten der Nord- und Ostsee war er sichtbar und die Erholungssuchenden mussten erkennen, dass man nicht sicher war vor dem, was noch kommen würde. Griechenland, die Türkei, die Länder des nördlichen Afrikas und die bei Touristen so beliebten Balearen bekamen es ebenso zu spüren. Italien selbst war schon zu diesem Zeitpunkt fast unbewohnbar, doch sollte es noch schlimmer kommen.
Irgendwann endete der Auftrieb der Eruptionssäule und Gestein jeder Größe und Beschaffenheit machte sich daran, auf die Erde zurückzustürzen. Nun begann die letzte Phase, der Fallout legte sich über den Erdteil. Führten die schwereren Gesteinsbrocken schon zu gewaltigen Schäden, kam es zu einer nachhaltigen

Klimaveränderung binnen weniger Wochen und Monate. Es wurde kalt. Die Gase verhinderten, dass sich die Erde erwärmte und so lag im August eine dicke Schneeschicht über ganz Europa. Zudem machten die giftigen Gase das Atmen zur Qual. Unzählige Menschen fielen ihnen zum Opfer. Die Zahl der Toten ging in die Millionen. Doch wer glaubte, dass er in fernen Ländern, in Asien oder Amerika, verschont blieb, sollte eines besseren belehrt werden. Drei Monate nach dem Beginn des Ausbruchs war praktisch die gesamte Nordhalbkugel betroffen. Überall lag ein milchiger, halbdurchsichtiger Nebel in der Luft. Spektakuläre Sonnenuntergänge gaben ein weiteres Zeugnis dessen ab, von dem, was sich einst in Pozzuoli angebahnt hatte.

Die Überlebenden begaben sich auf die Wanderung nach Süden und viele Länder erlebten einen nie gekannten Flüchtlingsstrom. Zwar versuchten sie, die Menschen vor dem Eindringen in ihre Territorien abzuhalten, doch erwiesen sich selbst gewalttätige Maßnahmen als völlig unzureichend, den Strom an geschundenen Körpern aufzuhalten. Die wirtschaftlichen und sozialen Systeme brachen zusammen. Der verständliche Wunsch nach Essen und Trinken sollte für unbestimmte Zeit das Leben auf der Erde beeinflussen.

Jahre vergingen und langsam entspannte sich

die Lage in Europa. Der Himmel begann aufzuklaren und die Sonne wurde sichtbar, so wie in Tagen vor dem Ausbruch. Hätte es noch Menschen in diesem völlig verwüsteten Teil der Erde gegeben, sie hätten nur die graue Masse der Niederschläge aus Asche und Staub gesehen. Fast alle Städte, Dörfer und Siedlungen glichen Ruinen, wie nach einem Atomschlag, nur mit dem Unterschied, dass keinerlei Radioaktivität vorhanden war. Eigentlich hätten sich die Überlebenden nun auf den Weg in ihre verlassene Heimat machen können, doch zögerten sie aus gutem Grund. Schließlich lag dort alles in Schutt und Asche. Was wäre, wenn sich dort eine weitere ökologische Katastrophe als Folge des Ausbruchs ereignet hätte. Waren vielleicht gar chemische Prozesse in den Industrieanlagen außer Kontrolle geraten, oder gar die Reaktoren der Atomkraftwerke betroffen? Gab es überhaupt noch Hoffnung, in ein Land heimzukehren, das infolge menschlichen Größenwahns und Versagens nachhaltig verseucht und damit unbewohnbar war? Niemand vermochte es zu sagen. Vielleicht würden irgendwann die Nachkommen dieses Infernos das Wagnis eingehen, diesen Schritt zu gehen.

Soweit dieses Szenario. Wer glaubt, es sei ein reines Hirngespinst, den möchte ich darauf hinweisen, dass es weltweit gut 20 Vulkane dieser

Art gibt. Ein jeder ist prädestiniert, das Antlitz der Erde nachhaltig zu verändern. Dabei habe ich noch viele Faktoren, seien sie natürlicher Art, oder von Menschen gemacht, nicht berücksichtigt, da es noch nie eine derartige Katastrophe dieses Ausmaßes in der Neuzeit gab. Lediglich der Ausbruch des Tambora von 1815 mag einen kleinen Hinweis auf diese Art von Ausbruch geben. Das Jahr 1816 ging als das Jahr ohne Sommer in die Geschichte ein. Damals fiel im Juni in Europa Schnee und zahlreiche Gemälde großer Künstler hielten die spektakulären Sonnenuntergänge auf Leinwand fest. Dass es so kommen kann, daran zweifelt wohl kein seriöser Wissenschaftler. Die Frage ist daher nicht ob, sondern wann es passiert und wie die Menschheit damit umgeht.

Im Rahmen der Bevölkerungsentwicklung werden auch viele Gebiete in der Nähe von als aktiv anzusehenden Vulkanen besiedelt. Bestes Beispiel hierfür ist die Stadt Tokio im Schatten des Fujiyama. Mehr als 30 Millionen Menschen leben hier, auch wenn bekannt ist, dass der Berg immer noch heiß ist und jederzeit ausbrechen kann. Würde sich das beschriebe Szenario hier abspielen, so wäre die Anzahl der Opfer gigantisch, selbst wenn es zu einem Ausbruch käme, der lokal begrenzt wäre. Das gilt auch für die Westküste Amerikas. Im Schatten des Mt. Rainer leben ebenfalls Millionen von Menschen.

Nicht allzu weit entfernt brodelt unterirdisch der Yellowstone. Dieser gigantische schlafende Riese bricht zyklisch aus und ist nach Aussagen vieler Experten längst überfällig. Im Falle seines Ausbruchs wäre das, was ich hier schilderte, wohl dem gleichwertig, wenn nicht sogar noch schlimmer. Je nachdem ob es sich um einen moderaten, also lokal begrenzten Ausbruch, oder um eine Eruption, welche die gesamte Caldera zum Einsturz bringt, handelt, wären im ersten Fall wohl die gesamte Westküste und der mittlere Westen und damit große Teile der landwirtschaftlich genutzten Flächen betroffen.
Im schlimmsten anzunehmenden Fall käme es wie bei den Campi Flegrei zu dramatischen Veränderungen auf der gesamten Nordhalbkugel. Für die USA würde ein solcher Ausbruch wohl den Zusammenbruch der gesamten Wirtschaft bedeuten. Nicht einbezogen ist dabei das Verhalten der Bevölkerung, welche in jedem Falle wohl versuchen würde, sich weiter südlich in Mittel- und Südamerika in Sicherheit zu bringen, was wohl nicht ohne gewalttätige Konflikte ablaufen würde. Vulkane, so sagte mir mal jemand, sind Fluch und Segen zugleich. Die Böden rund um die Feuerspeier gehören mit zu den fruchtbarsten weltweit. Doch hin und wieder nehmen sie sich einen Teil des Bodens zurück. Unsere Erde ist eben ein Feuerball mit einer dünnen Kruste, oder um es bildlicher

darzustellen, wie ein Apfel mit einer Schale. Diese Schale hat jedoch Risse, die wir als Erdplatten bezeichnen, die auf der heißen, zähnen Masse des Erdmantels schwimmen und ständig in Bewegung sind. Je nach der Richtung, in der sie sich bewegen, kommt es dabei zum Auseinanderdriften, die Geologen sprechen von Induktion, oder Zusammenstoß, bei denen sich die schwere Platte unter die leichtere schiebt. Gerade in Zonen, die als Subduktion bezeichnet wird, befinden sich auffällig viele Vulkane, was leicht erklärt werden kann. Bei diesem Vorgang wird die schwere Erdplatte in den Erdmantel gepresst und aufgeschmolzen, was wiederum zur Folge hat, dass sich Risse in der Erdkruste bilden, wodurch wiederum das Magma rasch aufsteigen kann. Ebenso sind diese Gebiete besonders erdbebengefährdet, da hier die Spannung zwischen den Platten besonders groß ist und sich irgendwann auf natürliche Weise, eben in Form eines Bebens, löst. Auch das verheerende Beben vom 26. Dezember 2004 war ein solches Beben.

Das Besondere an ihm war, dass es sich um ein Seebeben handelte, das einen Tsunami auslöste, welcher viele der küstennahen Städte fast völlig zerstörte. 230.000 Menschen starben, 110.000 Menschen wurden verletzt und 1,7 Millionen Menschen wurden obdachlos. Damit gilt dieses Beben als eines der Schlimmsten der Neuzeit.

Auf der Richterskala erreichte es einen Wert von 9,1.
Welche Folgen ein ähnliches Beben haben kann, zeigte sich 2011. Das Beben vor der Ostküste Japans erreichte einen Wert von 9,0. Die Besonderheit war, dass der Tsunami das Atomkraftwerk Fukushima erreichte und dort eine nukleare Katastrophe auslöste. Hier also war es der Mensch, der indirekt, für den GAU verantwortlich war, da er ein Atomkraftwerk in einer erdbebengefährdeten Zone baute.
Erdbeben kommen im Übrigen weltweit vor und kein Land der Welt ist vor ihnen sicher. So kam es in Deutschland am 13. April 1992 im Rheinland zu einem Beben der Stärke 5,9, wobei zahlreiche Gebäude zum Teil erheblich beschädigt wurden. Wie durch ein Wunder gab es jedoch keine Toten, sondern nur 30 Verletzte.
Zum Schluss zur Thematik Erdbeben und Vulkane möchte ich noch auf die immer wieder gestellte Frage eingehen, ob es zu einem Vulkanausbruch in der Eifel kommen wird. Die Frage ist klar mit Ja zu beantworten. Doch kann ich auch zur Beruhigung feststellen, dass derzeit keine akute Gefahr besteht, auch wenn im Lacher See fast permanent Kohlendioxid in Form kleiner Blasen aufsteigt. Dennoch wird der See als aktiver Vulkan eingestuft. Irgendwann, und da sind sich die Experten einig, wird er wieder ausbrechen, doch ebenso sicher scheint es, dass

dies wohl nicht mehr zu Lebzeiten der jetzigen Generation passieren wird. Sie können also ganz beruhigt in die Eifel fahren, ohne dass sie Gefahr laufen, in solch ein Inferno zu gelangen.

Gefahr von der Sonne

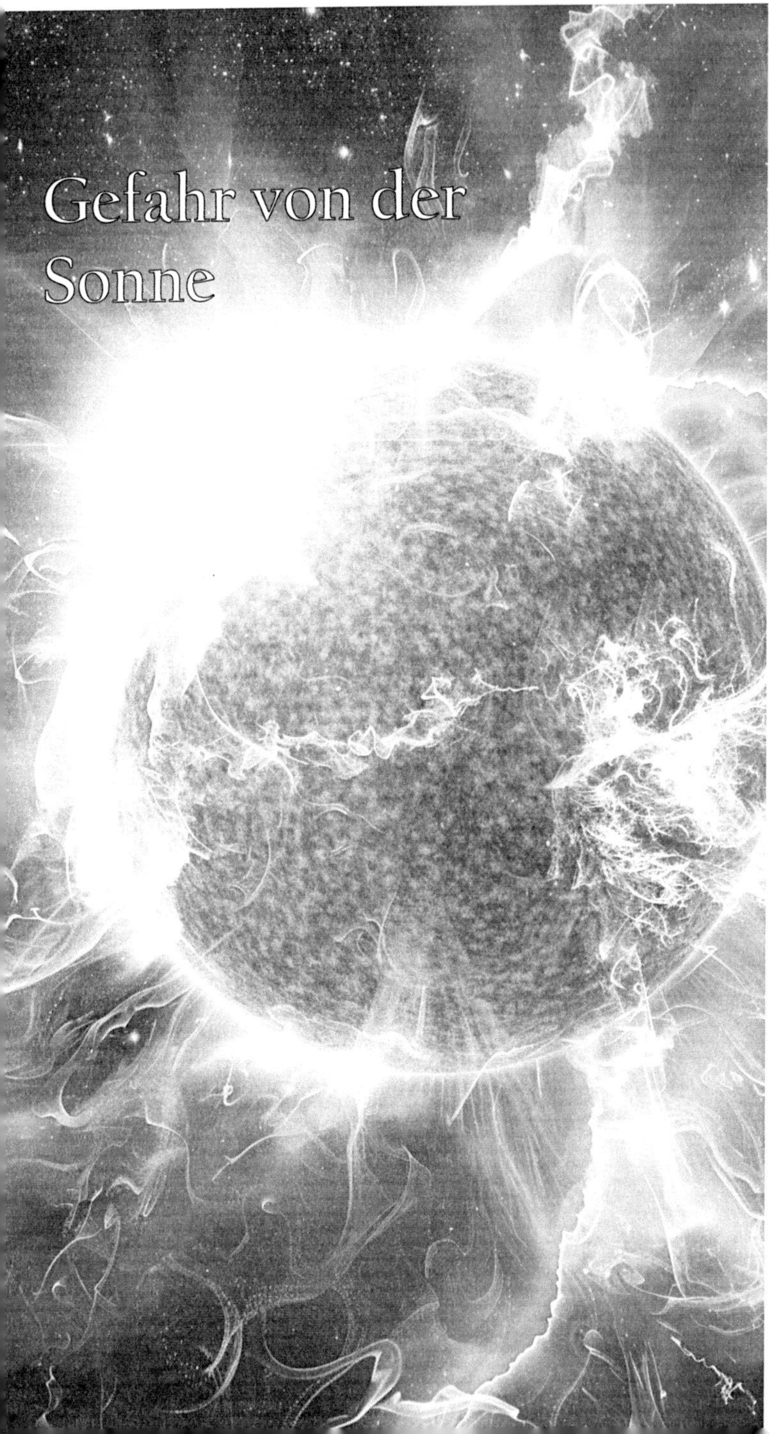

Wir sehen sie fast jeden Tag und erfreuen uns daran, dass sie uns Wärme und Licht schenkt. Mit bloßem Augen, was man im Übrigen unterlassen sollte, wirkt sie strahlend hell und makellos. Doch so schön sie auch sein mag, so ist sie doch bei genauem Hinsehen ein kosmisches Ungeheuer, ohne das zugleich ein Leben auf der Erde nicht möglich ist. Unser Planet, die wunderschöne blaue Kugel, hat dank glücklicher Umstände, genau die richtige Entfernung zu diesem Hochofen. Der mittlere Abstand zu ihr beträgt nach neusten Messungen 149.597.870 Kilometer (Stand Januar 2024). Diese Entfernung ist derzeit genau richtig, damit wir auf der Erde leben können, denn es ist weder zu warm noch zu kalt.

Die Astronomen bezeichnen diese Entfernung als „habitable Zone", also die Zone, wo sich auf Planeten Leben entwickeln kann. Wären wir nur wenige Millionen Kilometer näher oder weiter entfernt von der Sonne, das Leben würde entweder verbrennen, oder erfrieren. Das gilt aber auch nur, solange die Sonne ihre derzeitige Aktivität beibehält. Dass dem nicht so ist, wissen wir, seit wir den sogenannten Sonnenzyklus entdeckt haben. Im Zeitraum von gut 11 Jahren kommt es zu Schwankungen im Energiehaushalt der Sonne, was bedeutet, dass ihre Aktivität in dieser Zeit zu- oder abnimmt. Als gesichert gilt auch, dass sich dieser Zyklus im Laufe des

Lebens der Sonne verändert hat, bzw. verändern wird. Irgendwann, in ferner Zukunft wird der Zyklus kürzer und damit wird sich auch unser Klima auf der Erde drastisch verändern. Die Menschen in unserer Vergangenheit wussten so gut wie nichts über diese Vorgänge, denn erst am 9. März 1611 entdeckte Johannes Fabricius die Sonnenflecken. Heute wissen wir, dass sie ein entscheidender Hinweis für die Aktivität der Sonne sind. Auf den ersten Blick sind diese Flecken für uns Menschen völlig ungefährlich, da sie durch Temperaturunterschiede auf der Sonne entstehen. Sie sind laienhaft ausgedrückt Abkühlungsstellen auf der ansonsten heißen Oberfläche der Sonne, auch wenn sie immer noch zwischen 4.000 und 5.000 Grad haben, während die Oberfläche selbst bis zu 6.000 Grad heiß ist. Lange maß man dieser Erscheinung, die im Übrigen ohne technische Geräte nicht sichtbar sind, keine große Bedeutung bei. Dass es sich völlig anders verhält, verdanken wir der modernen Sonnenforschung. So wurde festgestellt, dass diese über die Oberfläche wandernden Flecken, kollabieren können und dadurch riesige Ausbrüche in Form von Strahlung ausgelöst werden. Zugleich wurden gigantische Fontänen, die von der Sonne ins All geschleudert werden, festgestellt. Diese Fontänen werden auch als Protuberanzen bezeichnet und können eine Größe bis zu 40.000 Kilometern und mehr erreichen. Das hört sich zunächst noch recht harmlos an, doch werden bei solchen Ausbrüchen riesige Mengen an solarer Materie und harter Strahlung ins All geschleudert. Noch extremer, aber zum Glück auch seltener, ist das Phänomen solarer Massenauswürfe, auch unter dem Begriff „koronaler Massenauswürfe“, oder abgekürzt als „CME“ bekannt. CME heißen sie, nachdem der Sonnenforscher Richard-Cristopher Carington sie im Jahre 1859 erstmals genau beschrieb.

Ebenso erkannte er die Auswirkungen auf die Erde und damit ihre wahre Gefahr. Bei einem solchen CME wird die Magnetosphäre, also die obere Schicht unserer Atmosphäre, welche uns vor der Strahlung der Sonne schützt, auf der Tagseite zusammengepresst, so dass ein Teil der Strahlung bis auf die Oberfläche gelangt. Mag das in der Zeit vor der Industrialisierung und der Verwendung von Elektrizität kaum Auswirkungen für die Menschheit gehabt haben, so sieht das inzwischen völlig anders aus, da wir kaum ohne sie überleben würden.

Der Mensch unserer Tage ist eben auf den Strom angewiesen, denn Computer, Glühbirne oder sonstige Geräte, selbst der einfache Staubsauger sind ohne ihn funktionslos. Doch genau hier verursachen solche CME's Störungen und können zu Ausfällen führen.

In Folge eines CME's wird oft der Begriff

Elektromagnetischer Puls, kurz EMP verwendet. Hierbei handelt es sich um rasche Schwankungen der elektrischen Spannung, was für unsere moderne Technik schnell zu zeitweisen bzw. totalem Ausfall der Geräte führen an.

In dem nun folgenden Szenario beschreibe ich, was passieren könnte, wenn wir von einem solchen EMP getroffen werden:

Leben ohne Strom

Wie üblich war Maria die Erste, welche morgens erwachte. So war es immer gewesen und so würde es immer bleiben. Bevor sie sich ins Bad begab, war es zu ihrer Gewohnheit geworden, dass sie für ihren Gatten und ihre erwachsenen Kinder das Frühstück zubereitete. So stellte sie die Kaffeemaschine an, deckte den Tisch mit allem, was ihre Familie liebte, ohne sich weiter darum zu kümmern. Auch das war eine normale Routine in ihrem Tagesablauf, an den sie sich längst gewöhnt hatte. Erst wenn sie sich etwas zurechtgemacht hatte, würde sie die anderen wecken. Nichts, aber auch gar nichts deutete darauf hin, dass sich an diesem Tage etwas ändern würde. So begab sie sich endgültig, wenn auch noch etwas müde, ins Bad.
Hier angekommen betätigte sie fast schon automatisch den Lichtschalter, doch zu ihrer Verwunderung gab es kein Licht. „Ist wohl die Lampe kaputt", murmelte sie vor sich hin und dachte daran, dass ihr geliebter Gatte die Glühbirne noch vor seinem Weg zur Arbeit auswechseln müsste. Zum Glück schien die Sonne durch das Fenster, da sie ansonsten Probleme beim Waschen und Schminken bekommen hätte.
Noch etwas benommen trat sie ans Waschbecken und öffnete den Wasserhahn. Anfangs ergoss sich der warme Strahl auf ihre Hände, doch nur um nach wenigen Augenblicken zu versiegen.

„Was ist denn nun los, haben sie etwa das Wasser abgestellt?“, fragte sie sich ärgerlich, denn sie hasste es, morgens ungewaschen mit der Familie zu frühstücken.
Doch was sollte sie tun, dann musste es heute Morgen eben ohne gehen. Leicht resigniert verließ sie das Bad, um nun zunächst ihren Gatten mit einem sanften Kuss zu wecken.
„Aufstehen mein Liebling, es wird Zeit.“
„Ich will nicht“, hörte sie die ärgerliche und verschlafene Stimme ihres Liebsten, der sich zur Unterstreichung seines Unwillens noch fester in die Bettdecke kuschelte. Aber so leicht gab Maria nicht auf, da sie wusste, dass ihr Mann ein echter Morgenmuffel war. Erst nachdem der Kaffee seine Lebensgeister weckte, war er genießbar.
Erneut versuchte sie, ihn, dieses Mal mit einem verschmitzten Lächeln im Gesicht, davon zu überzeugen, doch das Reich der Träume zu verlassen.
„Lass mich doch schlafen Liebling“, gab er von sich, „Ich habe keine Lust aufzustehen“, argumentierte er.
„Du musst aber“, entgegnete sie mit zuckersüßer Stimme, wobei sie zur Unterstreichung sanft die Bettdecke fortzog. Erst jetzt reagierte er. Auch das kannte sie nicht anders und so hatte es sich in ihrer langjährigen Ehe wie ein Ritual eingebürgert. Langsam und mit schläfrigen

Augen erhob sich ihr Mann, wobei sie ihn verliebt ansah. Ja, sie war glücklich mit ihm, auch wenn sich längst einige unschöne Gewohnheiten in ihr Eheleben eingeschlichen hatten, so wie das Wecken ihres Mannes. Nun, da sie sich sicher war, dass er sich erheben würde, verließ sie das Ehezimmer, um ihre beiden Kinder zu wecken. Beim Weg in ihre Zimmer wurde ihr klar, dass es nicht mehr lange dauern würde, bis ihre beiden Töchter das Haus verlassen würden und ein selbstständiges Leben führten. Längst hatten die beiden feste Freunde und es war abzusehen, dass schon bald die erste Hochzeit anstand.
Schon wollte sie das erste der beiden Zimmer betreten, als sie die fluchende Stimme ihres Gatten aus dem Bad vernahm. „Verdammte Technik, wie soll ich mich ohne Licht rasieren!“ Maria unterbrach ihr Vorhaben und eilte an den Ort des Geschehens.
„Ich wollte es dir beim Frühstück sagen, dass du doch bitte noch vor der Arbeit die Glühbirne austauschst. Außerdem geht das Wasser nicht“, fügte sie hinzu.
„Das habe ich auch gerade bemerkt“, bestätigte er mit nun verärgerter Stimme. Die Stadtwerke hätten uns doch zumindest warnen können, dass sie das Wasser so frühmorgens abstellen. Was soll ich nun tun. Ich kann doch nicht unrasiert zur Arbeit gehen“, fuhr er mit nun wirklich

verärgerter Stimme und einem Anflug von Zorn fort.
„Tröste dich, mein Liebster, ich konnte mich auch nicht waschen. Doch ist es nun mal so, und ich kann es nicht ändern“, gab sie zu verstehen. Widerwillig verließ ihr Gatte das Bad, da er es hasste, ungewaschen an den Frühstückstisch zu treten. Maria konnte sich ein Lachen nicht verkneifen, denn es gab Zeiten, da wäre es ihm egal gewesen, da er lieber mit ihr den ehelichen Freuden nachkam. Doch wie in fast allen Ehen hatte sich auch hier aus der einst glühenden Leidenschaft eine sich etwas abgekühlte Beziehung entwickelt, was nicht hieß, dass er sie nicht liebte. Nur waren diese Momente vollkommenen Glücks seltener geworden. Sie sah ihn liebevoll an, und schon entspannte er sich. Ja, sie wusste um ihre Kunst der Verführung nur zu gut und setzte sie immer dann ein, wenn er schlecht gelaunt war. Dieser Blick reichte aus, um die dunklen Wolken seiner Laune schnell zu vertreiben.
„Ich rufe mal eben bei den Stadtwerken an, um zu erfahren, wie lange das noch mit dem Wasser dauert“, gab er zu verstehen. So verkündet, griff er zum Telefon und nahm den Hörer ab. Zu seiner Verwunderung vernahm er jedoch nicht das übliche Freizeichen. Es schien so, als sei die Leitung tot.
„Verdammter Mist, ist etwa die Sicherung

kaputt?“, hörte sie ihn fluchen, während er sich daran machte, den Sicherungskasten zu öffnen. Er besah sich die zahlreichen Schalter, doch konnte er keine Störung feststellen.

„Liebling, die Kaffeemaschine geht auch nicht“, hörte er die verzweifelte Stimme seiner Frau aus der Wohnküche. „Ich werde wohl die alte Methode verwenden und heißes Wasser im Topf machen“, fügte sie hinzu. Kaum hatte sie den Topf, wie beschlossen, auf den Herd gesetzt und den Schalter umgelegt, stellte sie fest, dass auch dieser nicht ging. Na das konnte ja was werden.

„Es kann nicht an unserem Stromkasten liegen“, gab er zu verstehen. „Die Störung muss wo anders, außerhalb des Hauses liegen.“ Langsam wurde es ihm zu bunt, denn ohne Kaffee wollte er nicht aus dem Haus gehen. Doch was konnte er tun. Vielleicht konnte er die Nachbarn um Hilfe bitten, auch wenn ihm das mehr als nur peinlich war. „Ich gehe mal eben nach nebenan“, verkündete er seinen Entschluss.

„Mach das, mein Liebling. Ich wecke inzwischen die beiden Mädels.“ Sie begab sich zu ihren Zimmern, um ihren Entschluss in die Tat umzusetzen. Kaum dass ihre Älteste ins Bad gehen wollte, eröffnete sie ihr, dass es weder Wasser noch Licht dort gab. „Euer Vater ist schon beim Nachbarn, um zu fragen, ob nur bei uns der Strom ausgefallen ist“, gab sie zu verstehen.

„Ich kann doch nicht ungewaschen und ungeschminkt aus dem Haus gehen. Was soll mein Freund denn von mir denken. Nein, das tue ich auf keinen Fall!“, vernahm Maria ihr Klagen.
„Tut mir leid, mein Kind, aber ich kann nicht zaubern“, entgegnete sie. „Wir können nur hoffen, dass bald alles wieder in Ordnung ist und vielleicht kannst du dich ausnahmsweise bei den Nachbarn waschen“, sprach sie tröstend.
„Um Gottes willen! Ich gehe doch nicht zu unseren Nachbarn. Was sollen sie von uns denken?“ Schon wollte Maria darauf antworten, als sie hörte, wie ihr Gatte die Türe öffnete. Hoffnungsvoll und mit einem großen Fragezeichen im Gesicht sah sie ihn an.
„Das wird heute wohl nichts mit Waschen oder Kaffeetrinken, denn auch sie haben keinen Strom. Nicht mal auf die Toilette können sie gehen, weil die Spülung streikt“, gab er zu verstehen und fügte hinzu: „Es scheint, als wäre der ganze Ort betroffen, da wohl niemand Strom hat. Diese verdammten Stadtwerke scheinen zu schlafen. Dabei wissen sie doch, was morgens los ist, doch scheint sie das wenig zu kümmern“, fluchte er. Maria nickte nur zustimmend, denn auch sie mochte es nicht, ungepflegt zu sein. Sie überlegte kurz.
„Wir haben doch draußen im Schuppen den alten Ofen“, fiel ihr ein und ihre Augen begannen zu leuchten. „Wie wäre es, wenn wir den

anwerfen, damit wir zumindest Kaffee bekommen“, schlug sie vor.
„Das dauert mir zu lange. Du weißt doch, wie mein Chef ist, wenn es um Pünktlichkeit geht. Vielleicht bekomme ich dort ja einen heißen Kaffee“, stellte er fest.
„Du ja, aber was ist mit uns?“
„Das ist mir im Moment egal, Liebling. Ich muss jetzt los, sonst gibt es Ärger in der Firma“, gab er noch zu verstehen. Rasch zog er sich was über, hauchte seiner Geliebten einen flüchtigen Kuss auf die Wange und verließ das Haus. Zurück blieben seine ratlose Frau und die beiden Mädels. Sie schaute ihm noch nach und hoffte zugleich, dass ihr Mann, wenn er am Abend heimkam, besser gelaunt war. Vielleicht würde bis dahin auch wieder Strom vorhanden sein und der ganze Spuk ein Ende haben. Sie drehte sich um und wollte sich bereits ihren Töchtern widmen, als sie hörte, wie die Haustüre mit einem lauten Knall zugeschlagen wurde. Das konnte nur ihr Mann sein.
„Verdammte Mistkarre. Jetzt streikt auch die noch. Dabei haben wir doch ein Auto mit modernster Technik“, schrie er nun regelrecht. „Wie soll ich nun zu Arbeit kommen!“
„Beruhige dich, vielleicht nimmt dich ja ein Nachbar mir.“
„Das habe ich auch gedacht, doch auch deren Autos streiken. Was zum Teufel ist hier

los." Schon wollte Maria ihn trösten, als es an der Haustüre klopfte. Ihr Mann öffnete die Türe, wo ein älterer Mann stand.

„Hallo Herr Nachbar", hörte sie die freundliche Stimme des Mannes. „Ich habe gehört, ihr Auto streikt."

„Ja das stimmt, aber nicht nur meins, sondern viele andere auch. Doch was wollen sie von mir?"

„Nun, sie wissen doch, dass ich nichts von den modernen Autos mit all ihrer Elektronik halte. Darum fahre ich ja einen uralten Wagen ohne all diese Dinge. Als ich sah, was hier los ist, habe ich ihn aus der Garage geholt, denn mein Wagen streikt nicht und läuft tadellos. Ich biete ihnen und einigen anderen an, sie in die Stadt zu bringen."

„Das ist sehr großzügig von ihnen. Nur zu gerne nehme ich ihr Angebot an."

„Na, dann kommen Sie. Die anderen warten schon. Es ist doch gut, wenn wir uns gegenseitig helfen." Marias Mann lachte zustimmend.

„Ein Lob auf unsere Nachbarschaft", sprach er und verließ nun das Haus.

„Und was ist mit uns?", fragten ihre Töchter wie aus einem Munde. „Wie kommen wir zur Arbeit und zu unseren Freunden?"

„Das weiß ich nicht, aber vielleicht gibt es ja noch andere, deren Autos fahren. Ihr solltet vielleicht einfach mal fragen."

„Nicht bevor ich mich gewaschen habe", zeterte ihre Älteste und wandte sich ab.
„Dann kann ich dir auch nicht helfen", rief ihr Maria hinterher, bevor sie den lauten Knall der zugeschlagenen Türe ihres Zimmers hörte. Wieder einmal zeigte sich, dass ihre Tochter wohl das aufbrausende Temperament ihres Mannes geerbt hatte.
„Und was soll ich nun machen?", klagte ihre Jüngste.
„Das muss du selbst herausfinden. Ich jedenfalls werde nun den Ofen im Schuppen anheizen und mir meinen Kaffee auf die alte Weise machen", gab Maria zu verstehen und machte sich daran, ihren Worten Taten folgen zu lassen. Ihre Jüngste eilte ihr nach, denn ohne Kaffee, nein, das ging gar nicht.
Es sollte nicht lange dauern, bis der Kaffeeduft aus dem Schuppen strömte, was natürlich auch die Nachbarn mitbekamen. Einige kamen neugierig herbei.
„Hast du für mich auch noch eine Tasse?, fragten einige von ihnen.
„Aber gerne doch. Kommt, wir machen es uns hier im Schuppen gemütlich, so wie unsere Großeltern es einst taten." Ein einvernehmliches, zustimmendes Lachen zeigte ihr, dass es gut war, dass sie den alten Ofen noch hatten. Gut, es war ein anderer Kaffee als jener aus der modernen Kaffeemaschine, auf die Maria so

stolz war, dennoch hatte es etwas Nostalgisches an sich und das war doch auch mal schön. Es wurde eine gemütliche Runde, der sich auch ihre beiden Töchter anschlossen.
„Prüttkaffee“, nannte man einst diese Art der Kaffeezubereitung, klärte Maria ihre Töchter belehrend auf. „Aber es ist dennoch Kaffee.“
„Kaffee mit Bodensatz“ beklagte sich erneut ihre Älteste und verzog angewidert den Mund, da er ihr wohl nicht schmeckte. Wozu hatte man sich das moderne Gerät zugelegt, das jede Art von Kaffee zubereiten konnte. Es stand nun nutzlos in der Küche.
„Wenn er dir nicht schmeckt, dann geh doch rüber zum Bäcker. Vielleicht bekommst du ja dort einen Kaffee nach deinem Geschmack“, bot ihr Maria an.
„Das ist eine gute Idee, der ich wohl nachkommen werde, auch wenn ich immer noch ungewaschen bin und mich schmutzig fühle“.
„Na dann tut das doch und wenn du schon mal dort bist, bring mir ein paar frische Brötchen und Brot mit“, schlug Maria vor.
„Das tue ich“, vernahm sie die fröhliche und hoffnungsvolle Stimme ihrer Tochter. „Bis gleich!“. Statt noch etwas zu erwidern, wandte sich Maria ihren unverhofften Gästen zu. Im Grunde war sie stolz auf ihre Nachbarn, denn schon immer hielt man zusammen, wenn es Probleme gab. Hauptgesprächsthema war

natürlich das Ausbleiben des Stroms und die Feststellung wie sehr man sich doch an das Leben mit ihm gewöhnt hatte. Alle hofften, dass er bald wieder floss und der Alltag, so wie man es gewohnt war, weiterging. Niemand ahnte, dass man länger, als es einem lieb war, auf ihn verzichten müsste. Mitten in die lustige Gesprächsrunde platzte ihre ältere Tochter mit gesenktem Kopf hinein. In den Händen hielt sie einige Papiertüten.

„Auch beim Bäcker gibt es keinen Kaffee, aber dafür habe ich Brot und Brötchen von gestern mitgebracht", stellte sie verzweifelt fest. „Ich kann froh sein, überhaupt noch etwas bekommen zu haben, denn ich war nicht die Einzige dort, gab sie zu verstehen.

„Immerhin hast du noch etwas erbeutet", lobte Maria sie.

„Ja das stimmt, aber ich musste es anschreiben lassen, denn meine EC-Karte konnte ich nicht verwenden, da auch das Lesegerät streikt. Der Bäcker nimmt nur noch Bargeld."

„Nur gut, dass ich für diesen Fall noch einige Euros in Münzen und Scheinen für solche Fälle habe. Ich habe ja nie dem Plastikgeld so recht vertraut und stets eine Reserve. Ich gehe nachher mal rüber und bezahle."

„Du und deine Vorräte. Wie gut, dass wir dich haben", lobte ihre Tochter. „Ich gehe jetzt in die Küche und schaue nach, was wir noch im

Kühlschrank zum Frühstück haben“, gab sie zu verstehen. Maria nickte nur zustimmend, während sich ihre Tochter ins Haus begab. Kaum dort angekommen, vernahm man im Schuppen einen lauten Schrei der Verzweiflung. Maria schreckte auf. Was war denn nun schon wieder los? „Ich gehe mal eben kurz nachschauen“, entschuldigte sie sich bei den Nachbarn und erhob sich, um den Grund für den Schrei zu erkunden.
Kaum dass sie die Küche betrat, erkannte sie, warum ihre Tochter geschrien hatte, denn auf den Fliesen stand eine große Wasserpfütze.
„Da hat wohl auch unser Gefrierschrank den Geist aufgegeben“, stellte sie sachlich fest, um sich den nächsten Lappen zu schnappen und das Malheur zu beseitigen. Insgeheim hoffte sie erneut, dass der Strom recht bald wieder da war, denn allzu lange durfte er nicht ausfallen, bevor die Kühlwaren verdarben.
So wie hier erging es den Menschen im ganzen Land. Das Bild in den Häusern und auf der Straße hatte sich grundlegend verändert. Nun waren jene die Helden, welche improvisieren und ohne Strom das Leben noch meisterten. Die Autobahnen waren menschenleer, viele Betriebe mussten ihre Arbeiten einstellen, alles was irgendwie mit Strom versorgt wurde, hatte den Geist aufgegeben. Telefon, Computer, Handys und das Internet waren ohne Funktion und

in dieser Situation völlig nutzlos. Die Menschen wurden schlagartig um mehr als 100 Jahre zurückgeworfen.

Als Grund für den Ausfall erfuhren die Menschen erst Tage später, dass ein elektromagnetischer Puls hierfür verantwortlich war, der die Erde getroffen hatte. Während man die meisten elektrischen Leitungen noch recht schnell wieder instand setzen konnte, sah das bei den modernen Geräten und vor allem bei den großen Trafostationen der Umspannwerke völlig anders aus. Einen solchen Trafo konnte man nicht einfach mal eben austauschen, denn nicht eine Stadt hatte je an eine solche Situation gedacht und die teuren Geräte in Reserve. Es dauerte viele Wochen, bis endlich neue Trafos installiert waren und man damit beginnen konnte, den Strom wieder fließen zu lassen.

Noch schlimmer erwischte es den ganz gewöhnlichen Bürger, denn alle modernen Autos mussten in die Werkstätten, da die Elektronik komplett durchgebrannt war und ausgetauscht werden musste. Jedoch hatte nicht ein Hersteller solche geforderten Mengen auf Lager und auch die Werkstätten nicht genügend Mitarbeiter, um der Flut an Aufträgen nachzukommen. Parallel zu diesen Engpässen stieg die Nachfrage nach all jenen Geräten, die ohne Strom auskamen. Die guten alten Kohleöfen erlebten eine nie dagewesene Wiederauferstehung, ebenso wie die Läden für Fahrräder. Die Menschen stellten sich auf die neuen Gegebenheiten ein, da nur so ein Überleben möglich war. Als Nebeneffekt begann der Tauschhandel zu blühen und die Nachfrage nach Bargeld schoss derartig in die Höhe, dass die Banken kaum nachkamen, es zu beschaffen. Auch hier sollte sich der Ausfall des Stroms als verheerend auswirken, da keine elektronischen Buchungen mehr möglich waren. Nun waren jene Kräfte gefragt, die sich noch auf die alte Form der Buchführung verstanden und penibel jeden Vorgang zu Papier brachten. Sobald der Strom wieder vorhanden war und damit die Computer betrieben werden konnten, würden unzählige Hände benötigt, um sie dort zu erfassen. Letztendlich hatte jene Erfahrung aber auch ihre positiven Seiten, denn die Menschen fanden wieder Zeit, füreinander da zu sein, was sich in Form einer regelrechten Geburtenexplosion neun Monate später zeigen solle.

Soweit dieses Szenario, in dem ich nicht alle Folgen eines EMPs berücksichtigen konnte, da es ansonsten wohl ein eigenes Buch geworden wäre. So habe ich weder den modernen Flugverkehr noch die ausgefallene Straßenbeleuchtung und dunkle Städte in der Nacht erwähnt. Ebenso wenig die sicherlich aufkommende

Kriminalität, da sämtliche Sicherheitseinrichtungen außer Kraft gesetzt wären. Das Gesundheitswesen ist ebenso betroffen, da die Notstromaggregate nur kurze Zeit, wenn überhaupt, die Versorgung mit Strom gewähren können, da sich auch in ihnen viel Elektronik befindet. Sicher, man kann eine Infrastruktur durch Abschirmung gegen einen EMP schützen, doch ist das in wenigen Fällen so, da all diese Geräte kaum erschwinglich sind. Auch fehlt die Erwähnung der militärischen Sicherheit und damit steigt die Gefahr von Staaten, die den Umstand eines totalen Stromausfalls für ihre Zwecke nutzen würden. Seltsamerweise ist man dort schon viel weiter und schützt sich gegen solch eine Situation. Fest steht auch, dass der moderne Mensch ein Sklave der modernen Technologie geworden ist und nur wenige sich vorstellen können oder in der Lage sind, ein Leben ohne Strom zu führen. In den sogenannten Entwicklungsländern mag dies noch anders sein und sie wären im Vorteil.

Meteore und Meteoriten

Über die Gefahr, von Meteoren oder Meteoriten betroffen zu werden, mag es schon zahlreiche Bücher und auch Filme wie „Armageddon“, „Meteor“, oder auch „Deep Impact“ geben. In all diesen Filmen und Büchern wird stets davon ausgegangen, dass ein sehr großer Meteorit auf die Erde stürzt und alles Leben, wenn nicht sogar die Erde selbst, vernichtet. In reißerischen und mit modernster Animationstechnik gestalteten Szenarien werden jene Helden hervorgehoben, die ihr Leben opfern, nur damit die Menschheit überlebt. Doch wie realistisch und wahrscheinlich ist solch ein Szenario? Dieser Frage gehe ich an dieser Stelle nach und versuche, eine realistische Antwort zu geben.

Zunächst gilt es, den Unterschied zwischen Meteoren und Meteoriten zu klären. Nur Meteoriten sind aufgrund ihrer Größe und Beschaffenheit in der Lage, die Erdoberfläche zu erreichen, während Meteore in den oberen Luftschichten unseres Planeten verglühen. Nach aktuellem Stand ist jedoch in den nächsten Jahrzehnten diese Gefahr mehr als unwahrscheinlich. Selbst wenn der Asteroid „Apophis“ nach derzeitigen Berechnungen am 13. April 2029 seinen erdnächsten Punkt mit einer Annäherung von 31.750 Kilometern erreichen wird, so ist davon auszugehen, dass er nicht in direktem Kontakt mit unseren Planeten kommt. Die letzten großen Ereignisse durch den Einschlag von

Meteoriten waren am 30. Juni 1908 in Sibirien, der eine Fläche von 2.000 km² verwüstete und der durch die Medien bekannte Einschlag vom 15. Februar 2013 über der russischen Stadt Tscheljabinsk. Letzterer kam selbst für die Astronomen völlig überraschend. Dass er nicht erkannt wurde, wird damit begründet, dass die Sonne ihn überstrahlte und er somit quasi unsichtbar war. Zum Glück für die betroffene Umgebung explodierte er hoch über den Köpfen der Menschen.

Zwar wurde hierdurch eine Druckwelle ausgelöst und Menschen durch Trümmer von zerstörten Gebäuden verletzt, aber kein Krater in den Boden gestanzt. Zugleich aber ist dies der Beweis, dass selbst unsere modernsten Teleskope nicht in der Lage sind, jeden sich auf Kollisionskurs mit der Erde befindlichen Gesteinsbrocken zu erkennen. Dafür ist der zu überwachende Bereich einfach zu groß und manche Brocken zu klein, als dass sie frühzeitig erkannt werden, und Warnungen vor einem Einschlag herausgegeben werden können. Genau diese kleinen Brocken bilden eine ständige Gefahr und können jederzeit auf der Erde einschlagen. Dennoch ist die Gefahr für den Untergang der Menschheit mehr als überzogen, da solche Meteoriten eher lokale und damit begrenzte Zerstörung anrichten. Selbst wenn man sie frühzeitig erkennen und ihren Einschlagsort ermitteln

könnte, so sind wir bis heute nicht in der Lage, sie frühzeitig zu eliminieren, da sie erstens zu klein und zweitens zu schnell sind.
Die in den Filmen gerne gezeigte Fiktion der Zerstörung großer Asteroiden, ist ebenso unwahrscheinlich, da solche gigantischen Brocken erstens zu groß und zweitens zu weit weg von der Erde sind, als dass man sie erreichen kann. Zwar arbeitet die Wissenschaft daran, solche Systeme zu entwickeln, doch wird es noch geraume Zeit dauern, bis sie einsatzfähig sind. Bis dahin wären wir ihnen schutzlos ausgeliefert. Die Annäherung eines solchen globalen Killers gilt nach aktuellem Stand in der näheren Zukunft mehr als unwahrscheinlich. Sie können also ganz ruhig weiterleben, ohne in der Gefahr zu schweben, dass ihnen morgen der Himmel auf den Kopf stürzt.
Wie aber verhält es sich mit den Helden, die in selbstmörderischer Absicht sich auf den Weg machen würden, um solche Brocken unter Einsatz ihres Lebens zu zerstören?
Ehrlich gesagt glaube ich kaum, dass sich jemals ein Mensch auf eine solche Reise machen würde. Wenn, dann werden es ferngesteuerte, von der Erde gelenkte Systeme sein. Die Helden sitzen also nicht in den Raketen, sondern in irgendeinem Kontrollzentrum wie z. B. bei der ESA in Darmstadt, oder der NASA in Houston. Von wegen Heldentum.

Dass es möglich ist, auf solchen Vagabunden zwischen den Sternen zu landen, hat die „Rosetta"-Mission eindrucksvoll bewiesen. Die Landung auf dem Kometen „Tschurjumow-Gerassimenko", gilt als Meilenstein der Raumfahrt und wurde von der ESA in Darmstadt geleitet. Der Start zu dieser Mission erfolgte am 2. März 2004. Rosetta erreichte den Kometen im November 2014, wo sie das Landemodul Philae erfolgreich und weich auf ihm absetzte. Rosetta selbst stürzte wenig später kontrolliert auf dem Kometen ab.
Eigentlich wollte ich an dieser Stelle nur das Szenario eines Einschlags auf der Erde einfügen, ich verzichte nach längerer Überlegung darauf, da es nur ein weiteres unter der Vielzahl von Szenarien wäre. Festzuhalten bleibt lediglich, dass es passiert und sicher auch wieder geschieht. Die Frage ist daher wie schon in andern Beschreibungen, wann und wo. Da es keine großen Brocken sein werden, die ganze Länder und Kontinente zerstören, ist diese Gefahr mehr als unwahrscheinlich.

Polsprung

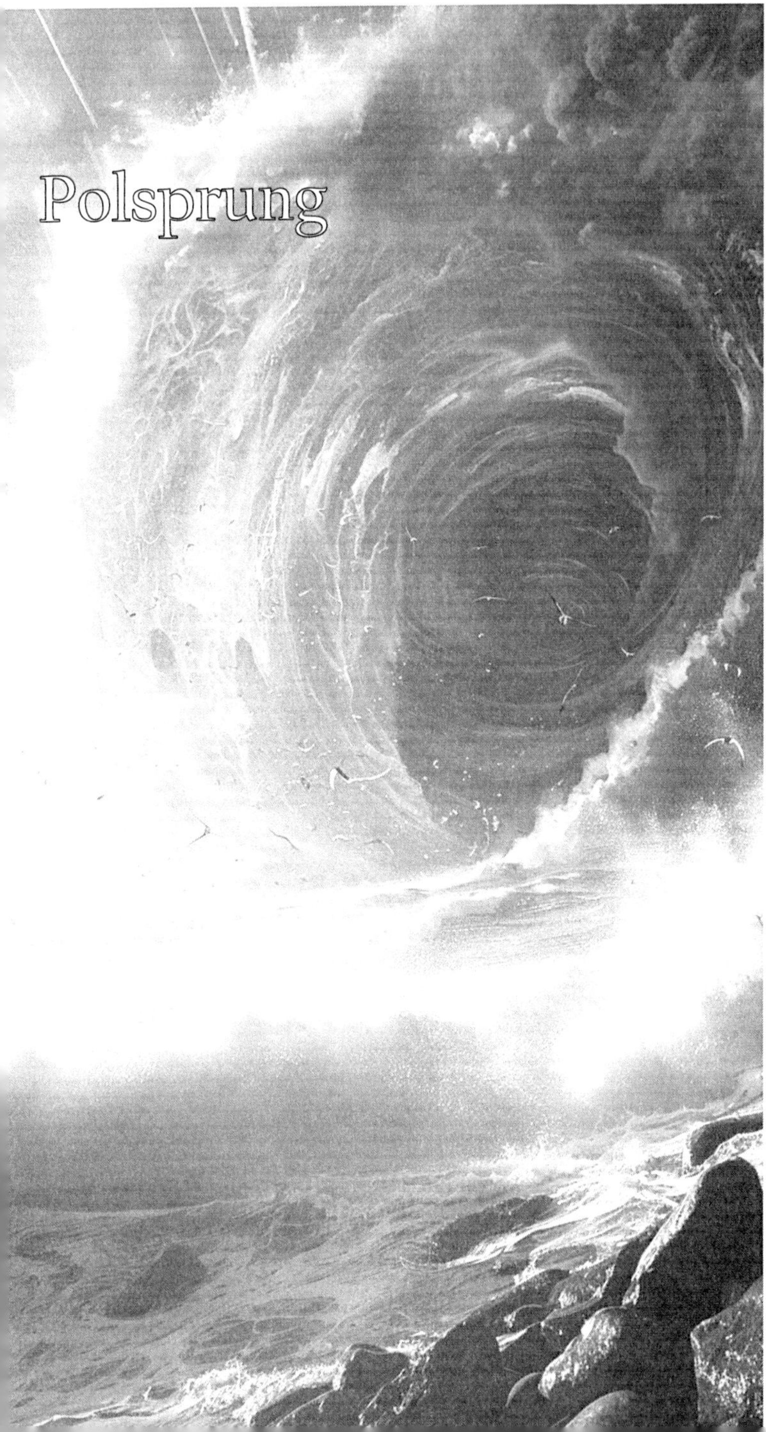

Über dieses Phänomen und seine Auswirkungen wird bis in die Gegenwart heftig diskutiert. Dass es nicht ganz unbegründet ist, zeigt die Tatsache, dass sich der magnetische Nordpol seit Jahren nach Süden bewegt, während der geologische Nordpol sich nach dem Polarstern orientiert. Zum Zeitpunkt, da ich dieses Buch schreibe, wird er nach ungesicherten Angaben unter Sibirien oder nahe der Grenze zwischen Kanada und den USA vermutet. Hier sind sich die Quellen nicht einig. Tatsache ist jedoch, dass er mit recht hoher Geschwindigkeit, ca. 55 Kilometer pro Jahr, wandert. Entdeckt wurde er im Jahre 1831 in der Nähe der Boothiahalbinsel im hohen Norden Kanadas. Ursache für seine Wanderung, und da sind sich die Forscher einig, sind Veränderungen im äußeren Erdkern. Um welche Veränderungen es sich dabei handelt, darüber geben meine Quellen leider keine genaue Auskunft. Fest steht jedoch, dass unsere modernen Navigationssysteme ständig auf den neuesten Stand gebracht werden müssen, da sie sich nach dem magnetischen Pol orientieren. Auch, und das ist eine unumstößliche Tatsache, verändert die Wanderung des Pols unser Erdmagnetfeld. Anthropologen stellten fest, dass ein solcher Polsprung vor gut 20.000 Jahren ein Massensterben auslöste. Aufgrund der geschilderten Erkenntnisse ergeben sich mehrere Fragen:

Die Erste lautet: **Wie weit wird der Nordpol nach Süden wandern und kommt es sogar zu einer Polumkehr, was heißen würde, dass der Südpol zum Nordpol und umgekehrt würde?**

Diese Frage mag niemand mit Sicherheit beantworten, da es für uns Menschen unvorstellbar ist. Fest steht jedoch, je weiter der Nordpol nach Süden wandert, umso mehr wird sich das durch den Erdkern erzeugte Magnetfeld abschwächen. Da sich der innere und äußere Erdkern wie bei einem Dynamo am Fahrrad gegenläufig bewegen, kann man diesen Prozess leicht veranschaulichen. Sobald diese Bewegung gestört ist, verändert sich die Spannung des Magnetfeldes. Für die Erde würde dies bedeuten, dass dieser so lebenswichtige Schutz abgeschwächt wird, was zur Folge hätte, dass mehr kosmische Strahlung die Erde erreicht. Das würde auch die Erkenntnis des Massensterbens erklären. Die Lebewesen der damaligen Zeit wurden durch diese Strahlung getötet.

Die nächste Frage lautet: **Wird sich durch den Polsprung die Gravitation auf der Erde verändern?**
Dies ist wohl eher unwahrscheinlich, da die Erdanziehung von verschiedenen Faktoren abhängt. Die Masse des Erdkerns ist hier bestimmend und nicht seine Rotation. Es besteht also

nicht die Gefahr, so wie es in einigen filmischen Abhandlungen gezeigt wird, dass wir plötzlich anfangen zu schweben. Um diesen Zustand zu erreichen, müssten äußere, kosmische Himmelskörper mit hoher Eigenschwerkraft der Erde sehr nahe kommen.

Bestes Beispiel, das jeder kennt, sind Ebbe und Flut, ausgelöst durch die Anziehungskraft des Mondes. In diesem Zusammenhang ist die Eigenrotation der Erde von Bedeutung. Zurzeit hat ein Tag auf der Erde 24 Stunden. Sollte sich unser treuer Begleiter, der Mond, von der Erde entfernen, oder ihr näher kommen, so würden sich die Tage entweder verlängern oder verkürzen. Auch hierzu gibt es ein reales Beispiel, die Venus.

Da sie keinen Mond besitzt, dauert hier ein Tag 243 Erdentage. Da sie zudem näher an der Sonne ist als die Erde, braucht sie für einen Sonnenumlauf, also das was wir ein Jahr nennen, 225 Erdentage. Somit ist ein Tag auf dem Planeten der Liebe länger als ein Jahr! Da sie entgegengesetzt der Erde rotiert, geht dort die Sonne im Westen auf und im Osten unter.

Wird sich der Polsprung auf den Erdmantel und damit auf die Erdkruste auswirken?

Auch auf diese Frage gibt es nach aktuellem Wissensstand keine klare Antwort. Ich versuche daher, diese Problematik verständlich mithilfe eines Apfels zu erklären:

Das Kerngehäuse unseres Apfels bildet den Erdkern. Das Fruchtfleisch rundherum den Erdmantel und die Schale die Erdkruste. Während der innere und äußere Erdkern trotz der Hitze von gut 6.000 Grad dank des Drucks durch den Erdmantel fest ist, besteht der Erdmantel aus flüssigem Gestein. Am besten lässt sich diese Flüssigkeit mit Sirup vergleichen. Da ständig Wärme aus dem Erdkern an den Erdmantel abgegeben wird, so wie wir es kennen, wenn wir Wasser in einem Topf zum Kochen bringen, wo ja bei steigender Hitze Blasen aufsteigen, bewegt sich die Masse des Erdmantels ständig. Die Geologen nennen dies „Konvektionsströmung“. Das aufsteigende Magma drückt ständig auf die von uns bewohnte Erdkruste. Wie einst Alfred Wegener entdeckte, besteht diese Kruste aus vielen einzelnen Platten, die auf dem Erdmantel schwimmen und sich bewegen. Am 6. Januar 1912 stellte er seine Theorie der Plattentektonik erstmals vor, die bis heute ihre Gültigkeit hat. Zu dieser Entdeckung gibt es eine kleine Geschichte:

Alfred Wegener schaute sich einen ganz gewöhnlichen Globus an und erkannte, dass die Ostküste Südamerikas fast genau an die Westküste Afrikas passte. Nun nahm er sich eine gewöhnliche Karte der Erde und schnitt die Erdteile aus, um sie danach zusammenzuschieben. Am Ende hatte er eine einzige Erdmasse, heute besser bekannt als der Urkontinent Pangea. Nun stellte er sich die Frage, wie es sein konnte, dass dieser Kontinent zerbrach und zu den uns bekannten Erdteilen wurde. Er vermutete, dass es durch die Rotationskräfte der Erde passierte. Wie später bewiesen wurde, waren diese Kräfte nicht stark genug, um dieses zu bewirken, doch hatte er zumindest insoweit recht, dass er erkannte, dass alle Kontinente von dem Urkontinent stammten. Dieser Urkontinent befand sich einst dort, wo heute der Südpol beheimatet ist. So wie sich bei einem Kettenkarussel die einzelnen Gondeln mit steigender Geschwindigkeit nach außen bewegen nahm er an, dass dies sich mit unserem Planeten ebenso verhielt. Er wusste ja nichts von den Konvektionsströmungen.

Der Geologe Alexander du Toit hatte erkannt, dass Wegener in vielen Teilen seiner Theorie über die Kontinentaldriftung recht hatte, doch sah er für die verantwortlichen Kräfte eine andere Ursache. In seinem 1937 erschienen Buch „Die Wanderung der Kontinente“, sah er als Grund für die Bewegung der Erdplatten Temperaturunterschiede innerhalb des Erdmantels, die er als Konvektionsströmung bezeichnete. Um dies zu beweisen, nahm er, wie aufgeführt, den besagten Kochtopf und stellte fest, dass abkühlendes Wasser zu Boden sinkt und heißes Wasser nach oben steigt. Ebenso stellte er fest, dass die von Wegener festgestellten Erdplattenbewegungen sich durch diese Wärmeschwankungen im Erdmantel unterschiedlich bewegten. Im Grunde ergänzten sich somit die beiden Entdeckungen.

Was aber hat das mit dem Polsprung zu tun? Im Grunde nicht viel, es sei denn, dass sich die Bewegung des äußeren Erdkerns verändert und damit auch weniger beziehungsweise mehr

Reibungshitze mit dem inneren Erdkern entwickelt, was wiederum zu einer Veränderung der Konvektionsströme führen kann. Sollten sich diese Ströme abkühlen, so könnten, und das ist reine Theorie, die schwereren Erdplatten tiefer in den Erdmantel, oder bei zunehmender Wärme nach oben gedrückt werden. Inwieweit diese Veränderung, ausgelöst durch den Polsprung, eine Bedeutung hat, vermag niemand zu sagen. Uns bleibt also nichts anderes übrig als abzuwarten.

Fest steht letztendlich nur, dass sich mit der Wanderung des magnetischen Nordpols unser Erdmagnetfeld abschwächen wird. Sollte der schlimmste, anzunehmende Fall eintreten so könnte es dazu kommen, dass wir trotz milder Witterung schneller einen Sonnenbrand bekommen, oder falls das Magnetfeld völlig zusammenbricht, wir nur noch in Strahlenschutzanzügen ins Freie gehen könnten. Das wiederum wären wirklich keine schönen Aussichten für einen entspannten Sommerurlaub am Meer. Inwiefern dies Auswirkungen auf die so oft zitierte und auch panikartig verbreitete Erderwärmung hat, kann niemand voraussagen. Vielleicht so:

Ostseeurlaub

Wie so oft in den letzten Jahren war Thomas mit seiner Familie an die Ostsee gefahren. Schon Wochen vor ihrem Urlaub erfasste die ganze Familie die Vorfreude auf Erholung und Strandleben. Endlich für einige Tage dem Alltag entfliehen, endlich einfach wieder Mensch sein. Gerade seine beiden heranwachsenden Töchter hatten ganz andere Sorgen. Schließlich brauchten sie ja die neuste Bademode, natürlich eine die genug Haut, aber nicht mehr zeigte. Schließlich wollten sie schön braun werden und so zeigen, dass sie am Meer waren. Zwar äußerte Thomas seine Bedenken, da seit Monaten vor erhöhter Sonnenstrahlung gewarnt wurde, doch wusste er zugleich, dass diese Warnung von seinen Töchtern ignoriert würde. Also würde er es widerspruchslos und des lieben Friedens willen erst gar nicht versuchen.
Er und seine geliebte Frau Monika liebten es ja auch, sich von der Sonne wärmen und bräunen zu lassen, doch zogen es beide vor, dies hüllenlos zu genießen, was bei seinen Töchtern auf Empörung traf. Wie konnten zwei, in ihren Augen ältere Menschen so geschmacklos sein, ihren Körper zu zeigen? Nein, das ging ja gar nicht. Dabei konnten sich Thomas und Monika durchaus sehen lassen, da beide trotz ihres Alters von fast fünfzig Jahren weit jünger wirkten. Aber so waren eben seine Töchter. Gerade in ihrer jetzigen Phase, da sich aus den Mädchen

wunderschöne Frauen entwickelten, zeigte sich auch ihr pubertärer Widerstand.
Während er so nachdachte, trat Monika zärtlich an ihn heran. In ihren Augen brannte jenes Feuer, das er so sehr liebte.
„Weißt du, mein lieber Thomas, worauf ich mich besonders freue", vernahm er ihre verführerische Stimme.
„Nein, worauf denn?", entgegnete er, auch wenn er am Klang ihrer Stimmlage längst wusste, worauf sie hinauswollte.
„Dass wir mal wieder ganz für uns allein sein können, denn sicher werden unsere beiden Mädels sich nach den Jungs umsehen und wir so mehr Zeit für uns haben."
„Das stimmt", pflichtete er ihr bei und sah schon vor seinem geistigen Auge, wie er sich mit Monika an einen versteckten Ort begab, um dort das zu tun, was Eheleute eben gerne tun. Nie, seit er sie kannte, war dieses Feuer zwischen ihnen erloschen, auch wenn es nicht immer so hell wie im Urlaub brennen konnte. Dafür war der Alltag einfach zu stressig. Wenn es ihm oder ihr auffiel, gaben sie dies auch dem Partner zu verstehen, denn nichts konnte eine Ehe mehr gefährden als eine sich einschleichende Monotonie. Er lächelte sie an und sie verstand, was er wohl dachte.
Dann endlich kam der Tag, da man die Koffer ins Auto packte und sich frohgelaunt auf den

Weg Richtung Norden machte. Während der Fahrt spürte die ganze Familie, wie die Aussicht auf das Kommende alle trüben Gedanken verbannte. Hätten sie geahnt, was sie erwarten würde, sie hätten sofort ihre Pläne verworfen, um sich in Sicherheit zu bringen. Doch wie soll man Dinge erahnen, die unsichtbar und heimtückisch zuschlugen und alle Träume zu Albträumen werden ließen.

Nach mehreren Stunden Fahrt erreichten sie ihren Zielort an der pommerschen Ostseeküste. Wie in den Jahren zuvor hatten sie in dem kleinen Ort, nahe dem Sandstrand, der sich bis zum Horizont erstreckte, mehrere Zimmer gebucht. Eines für sich und zwei weitere für ihre Mädels, denn schließlich wusste man ja nie, welche Freundschaften hier entstanden. In dieser Hinsicht waren Monika und Thomas sehr tolerant und würden ihren Töchtern viele Freiheiten erlauben. Während sich Thomas und seine Frau zur Anmeldung begaben, hielten es ihre Töchter nicht länger aus. So schnell sie konnten, gab es für sie nur ein Ziel, den Strand und die magisch blaue See. Schließlich war ja Sommer und ihr Urlaubsort war dafür bekannt, dass hier in dieser Jahreszeit fast immer die Sonne schien.
Während man so die Formalitäten der Anmeldung erledigte, waren seine Töchter schon am Strand. Allein die Aussicht, endlich wieder das

Wasser der Ostsee an den Füßen zu spüren, bildete jene Initialzündung, um sie alles andere vergessen zu lassen. Daher war es für die beiden ein Schock, als sie den modrigen, nach Verwesung riechenden Gestank, wahrnahmen. Was war das denn? Im letzten Jahr war es hier noch ganz anders gewesen. Noch schlimmer wurde es, als sie die auf dem Wasser treibenden Fische sahen. Sie schienen verendet und ihre Anzahl war schon erschreckend. So geschockt und angewidert verließen die beiden den Strand, um sich zu ihren Eltern ins Hotel zu begeben. Hoch erregt und verängstigt berichteten sie ihnen von dem, was sie gesehen haben.

„Das kommt immer mal wieder vor", versuchte Thomas die beiden zu beruhigen. „Wird sicher eine Krankheit sein, die sie befallen hat", fuhr er in seiner Erklärung fort. „Ich werde aber mal an der Rezeption nachfragen, was los ist."

Seine Mädels sahen ihn dankbar an und er fühlte sich plötzlich wie jener Held, der seine Familie vor jedem Schaden bewahrte.

Wie angekündigt fragte er nach und wurde in seiner Vermutung bestätigt. Man versicherte ihm zugleich, dass es keinerlei Bedenken gab, an den Strand oder ins Wasser zu gehen. Thomas war beruhigt, denn er konnte sich nichts Schlimmeres vorstellen, als dass man nicht an den Strand konnte. Darum fuhr man ja extra hierher. Um sich zusätzlich ein eigenes

Bild vom Strand zu machen, begab er sich dorthin und fand es so vor, wie ihm seine Töchter berichtet hatten. Dass es nicht nur seiner Familie so erging, bemerkte er, als er zahlreiche andere Urlauber dort mit besorgtem Blick sah. So etwas hatte er, seit er mit Monika immer wieder hierher fuhr, noch nie gesehen. Zugleich hoffte er, dass die Strandwacht recht schnell diese grauenhaften und abschreckenden Relikte beseitigen würde, damit sie am nächsten Tag unbeschwert die Zeit dort verbringen konnten. Schließlich, so dachte er weiter, würde ein verdreckter Strand dem Ansehen aller schaden, was sich rasch herumsprechen würde. Mit dieser Aussicht begab er sich nach einiger Zeit zurück ins Hotel zu seiner Familie.

„Morgen wird der Strand sicher wieder sauber sein und wir können dann auch ins Wasser gehen", versicherte er glaubhaft. Damit gab man sich zufrieden und legte sich, erschöpft von der Anreise, etwas früher als geplant ins Bett, nicht ahnend, dass die Entdeckung des Tages erst der Auftakt dessen sein würde, was sie erwartete.

Am darauffolgenden Tag schien sich Thomas' Zuversicht zu bewahrheiten. Nach einem ausgiebigen Frühstück mit der ganzen Familie begaben sie sich an den Strand. Das Wetter meinte es gut mit ihnen, denn sie Sonne brannte heiß vom wolkenlosen, blauen Himmel, so wie sie es sich gewünscht hatten. Tatsächlich hatte sich in der Nacht eine kleine Armee unsichtbarer Helfer über den traurigen Anblick des Vortages hergemacht und den Strand gesäubert. Ja, dachte Thomas für sich, so hat ein Strand auszusehen. Er freute sich darauf, mit Monika im Strandkorb die nächsten Stunden allein zu verbringen, da er davon ausging, dass seine Töchter auf ihre Weise den Tag nutzen würden. Sein Blick fiel auf Monika, die sich, wie er selbst, ohne jede Bekleidung in den Korb gelegt hatte. „Sie ist immer noch wunderschön und begehrenswert", stellte Thomas für sich fest und warf ihr einen Blick zu, der jegliche Rückschlüsse zuließ. Monika schien ihn bemerkt zu haben, da ihr Blick mehr sagte, als Worte es je vermochten. So animiert setzte er sich zu ihr, wo sie sich fest an ihn kuschelte. Ja, man war nicht nur Eltern, sondern auch ein Liebespaar, was jeder sehen durfte. Längst waren seine Töchter auf Erkundungstour gegangen und es war abzusehen, dass sie wohl so manchem heranwachsenden Jungen mit ihrer jugendlichen Schönheit den Kopf verdrehen würden. Alles schien so schön zu sein. Mitten in diese Urlaubsidylle hörte Thomas einen Schrei des Entsetzens. Am Klang der Stimme erkannte er sofort, dass es nur eine seiner Töchter sein konnte. Musste das ausgerechnet jetzt sein, fragte er sich und erhob sich, um nachzusehen. Das war es ja wohl mit dem

Kuscheln. Etwas verärgert begab er sich in die Richtung, aus der seine Tochter geschrien hatte. Noch bevor sie auch nur einen Ton sagen konnte, erkannte er den Grund der unfreiwilligen Störung. Seine Tochter war am ganzen Leib puterrot. Wie aber konnte das sein, fragte er sich erneut.

„Hast du dich nicht eingecremt?“, fragte er sie mit tadelnder Stimme.

„Doch Papa, das habe ich, aber die Sonnencreme scheint nicht zu wirken. Schau mich doch an. Ich mache jedem Krebs alle Ehre“, verteidige sie sich. „Sie muss wohl abgelaufen sein“, fügte sie noch hinzu.

„Das kann nicht sein, denn wir haben sie doch erst letzte Woche besorgt. Du hast vergessen, dich einzucremen und willst nun deine Vergesslichkeit vertuschen“, stellte er fest.

„Doch, Papa, sie hat sich eingecremt. Ich habe ihr dabei geholfen“, meldete sich die Jüngere der beiden zu Wort. „Ich kann dir ja gerne die Flasche mit dem Zeug zeigen.“ Nun schien Thomas etwas verwirrt. Er besah sich die Flasche, wobei er das Haltbarkeitsdatum genauer in Augenschein nahm. Tatsächlich hätte sie wirken müssen, da es noch lange nicht abgelaufen war. Auch der sehr hohe Lichtschutzfaktor hätte ausgereicht, da er wusste, dass Wasser eine verstärkte Wirkung der UV-Strahlung begünstigte. Mitten in seine Überlegungen hinein bemerkte er erst jetzt, dass es wohl nicht nur seine Tochter erwischt hatte, denn kaum dass sein Blick auf die anderen Strandbesucher fiel, erkannte er all jene, die wie sie mit tiefroter Haut das gleiche Schicksal ereilt hatte. Es konnte somit nicht an der Sonnencreme liegen. Er und seine Frau, wie auch die Jüngere der beiden, schienen nicht zu den Betroffenen zu gehören, auch wenn er beim Anblick der Menschen hier am Strand jenes Kribbeln wahrnahm, das die Verbrennung durch die Sonne ankündigte. Lag es vielleicht am Hauttyp, fragte er sich? Er wusste ja, dass seine Älteste schon immer eine empfindliche Haut hatte, während die Jüngere wohl seine etwas resistentere Haut geerbt hatte.

„Am besten du gehst in den Schatten“, schlug er vor. Seine Tochter nickte nur traurig, da sie sich den Tag am Strand ganz anders vorgestellt hatte. Aber mit ihrem Sonnenbrand schienen sich ihre Hoffnungen zerschlagen zu haben. Zum Glück war sie einsichtig genug, um dem Rat ihres Vaters zu befolgen, was wohl viele der Urlauber nicht einsahen und die Verbrennungen ignorierten. Schließlich wollte man den Tag am Strand und nicht im Schatten genießen. Dass sie damit eine tiefere Verbrennung riskierten, schienen sie bewusst zu ignorieren. Thomas wusste aus Erfahrung, dass sich diese Ignoranz rächen und mancher von ihnen die Nacht mit Schmerzen verbringen würde. Volle Sorge um seine Tochter begab er sich zurück zum Strandkorb, um Monika von den ungewöhnlichen Geschehnissen zu berichten.

„Dann werde ich mich aufraffen müssen“, stellte sie fest. „Tut mir ja leid, mein Lieber, aber ich fürchte, das war es wohl mit der Entspannung.“ Resigniert nickte er nur, während er ihr nachsah.

Während des ganzen Urlaubs sollte sich herausstellen, dass irgendetwas nicht stimmen konnte, denn vielen Erholungssuchenden erging es so wie Thomas und seiner Familie. Von wegen Strandleben, Schatten war angesagt und das ausgerechnet hier an der See. Zwar gab es Warnungen wegen erhöhter Ozonwerte, doch sie allein konnten nicht schuld an dem sein, was vorging. Die Medien griffen, gesteuert von den Interessen jener, die hofften ihre Vorteile aus der Klimaveränderung zu ziehen, das Thema verstärkt auf. Fast in jeder Nachrichtensendung machten sie den Menschen hierfür verantwortlich. Jene aber, die den Polsprung und die damit natürlich verbundene Schwächung der Magnetosphäre erkannten, fanden keinerlei Gehör oder wurden absichtlich ignoriert, da sie nicht in das Bild der geltenden Meinung passten.

In den folgenden Jahren sollte sich erweisen, dass trotz aller Gesetze zur Verringerung des Co^2- Ausstoßes sich die Atmosphäre weiter erhitzte. Langsam musste man erkennen, wie machtlos der Mensch gegen die Kräfte der Natur war. Seriöse Wissenschaftler und Forscher versuchten zwar, auf das Phänomen hinzuweisen, doch verhallten all ihre Worte und Appelle ungehört. Je weiter sich der Pol in Richtung des Äquators bewegte, umso mehr schwächte sich die natürliche Barriere am Rande der Atmosphäre ab. Langsam aber bedrohlich veränderte sich das Leben. Viele Tier- und Pflanzenarten starben aufgrund der sich verändernden Bedingungen aus. Der Mensch hingegen stemmte sich mit all seinen Möglichkeiten und seiner Kreativität gegen diese Entwicklung, was sich als Erstes in der Landwirtschaft bemerkbar machte. Anstatt Gemüse und Obst im Freien anzubauen, überdachten sie ihre Felder und Obstbäume mit gigantischen UV-strahlungsbeständigen Hallen. Nur hier, so sollte sich erweisen, gab es keine Schäden durch die erhöhte Strahlung. Die Meere und Ozeane hingegen konnten auf diese Weise nicht geschützt werden. Hier begann das große Sterben, so wie es mehrfach in der Geschichte der Erde vorgekommen war. Es sollte Jahrzehnte dauern, in denen die Natur zeigte, wozu sie fähig war. Der Mensch, mit seiner Position an der Spitze der Nahrungskette, kämpfte um sein Überleben. Während die Industrieländer ihre Möglichkeiten nutzten, die Nahrungsversorgung der Bevölkerung zu gewährleisten, sah dies in den benachteiligten

Ländern völlig anders aus. Hier brachen Hungersnöte ungeahnten Ausmaßes aus und reduzierten die Bevölkerung. Ganze Landstriche verwandelten sich in Ödland und die einst großen Städte und bekannten Orte wurden zu Geisterstädten. Der Natur schien diese Entwicklung recht, denn anstatt des Menschen fanden nun all jene Tier- und Pflanzenarten jene notdürftigen Möglichkeiten, um ihr völliges Aussterben abzuwenden. Die Welt, so wie der Mensch sie kannte, bevor sich die Auswirkungen des Polsprungs bemerkbar machten, gab es nicht mehr. Das Leben an der frischen Luft, so wie es noch Thomas mit seiner Familie gekannt hatten, war nur noch eine wunderbare Geschichte über bessere Tage. Fast sah es so aus, als würde der Mensch zu seinen Ursprüngen, da er in Höhlen hauste, zurückkehren, nur dass jene Höhlen lichtdurchflutete Konstruktionen der Neuzeit darstellten.

Erst nach fast 500 Jahren schien die Natur einzusehen, dem Leben eine neue Hoffnung zu geben. Die Veränderungen im äußeren Erdkern normalisierten sich, der magnetische Nordpol wanderte zurück an seine ursprüngliche Position. Die Magnetosphäre baute sich wieder auf. Nun erst konnten die Nachfahren unserer Familien wieder jene wunderbare Erfahrung machen, das Leben an der frischen Luft zu genießen.

Strahlung – Segen und Fluch

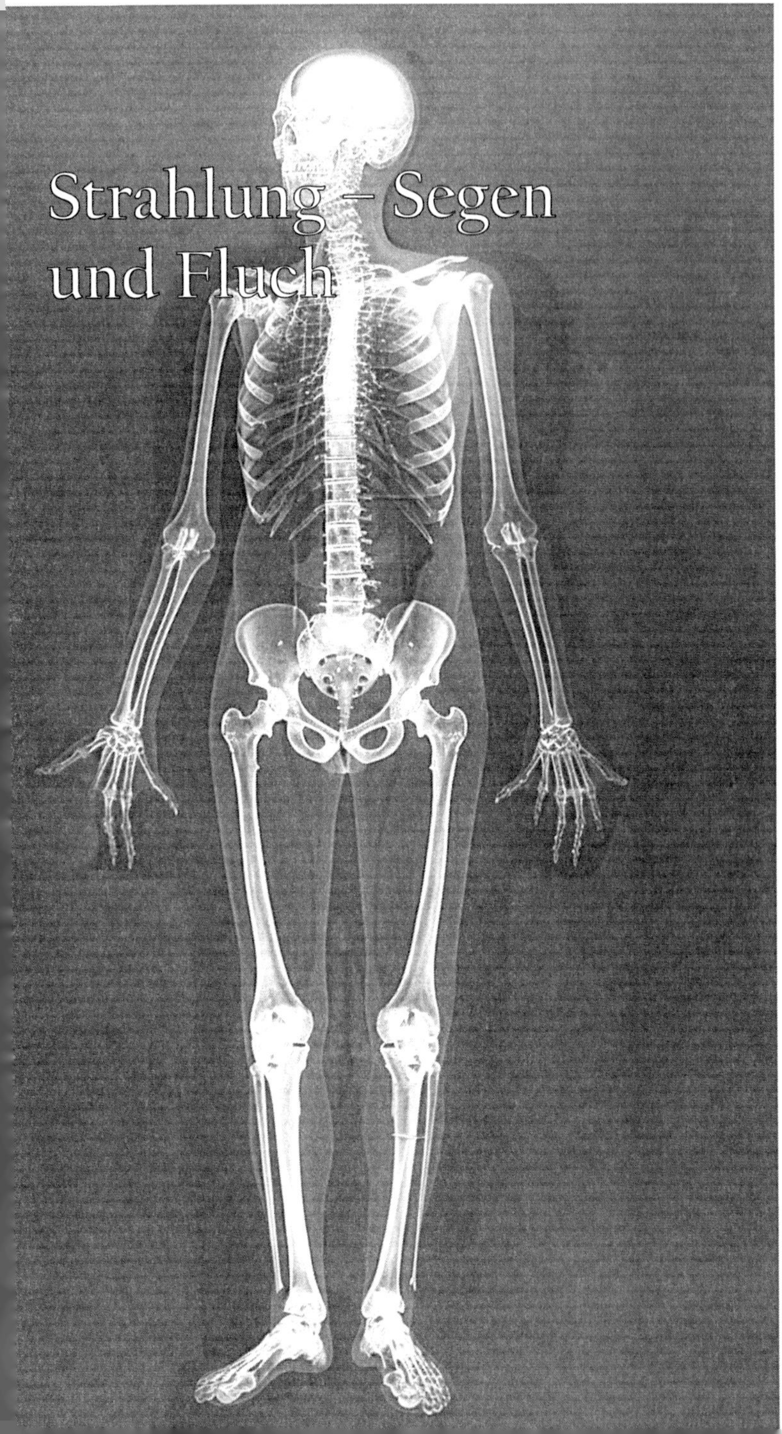

Dieses Thema kennt eigentlich jeder, doch ist die Welt der Strahlen eine Geschichte für sich. Natürliche Strahlung gibt es seit dem Moment, da das Universum entstand. Sie ist auch an der Entstehung des Lebens beteiligt, denn ohne die Strahlen der Sonne gäbe es auf der Erde keine Wärme und kein Licht, da auch Licht eine Form der Strahlung ist. Wir sehen und spüren sie. UV-B- Strahlung ist mit dafür verantwortlich, dass die Zellen unserer Oberhaut den Farbstoff Melanin bildet, die ihr die gesunde Bräune verleiht. UV-B trägt dazu bei, dass diese Wirkung, verzögert, eine noch stärkere Wirkung hat. Diese Art der Strahlung kann jeder erfahren, der auf einer Sonnenbank liegt. Doch wie jede gesunde Strahlung können beide Arten auch negative Wirkungen haben, wenn wir ihr zu lange ausgesetzt sind. Das beste Beispiel hierfür ist der Sonnenbrand.

Eine andere, für uns schon nicht mehr wegzudenkende Strahlung ist die Röntgenstrahlung. Am 8. November 1895 entdeckte Conrad Röntgen die nach ihm benannte Strahlung per Zufall, als er mit einer Kathodenstrahlröhre experimentierte, die er mit Pappe abdeckte. Bei diesem Versuch vergaß er einen Gegenstand auf dem Tisch. Später stellte er zu seinem Erstaunen fest, dass dieser Gegenstand auf dem Fluoreszenzschirm zu sehen war. Die unbekannte

Strahlung hatte die Pappe durchdrungen und diesen Schatten abgebildet. Heutzutage gelten Röntgengeräte als Standard bei der Diagnostik. Leider, und das sollte nicht vergessen werden, wurde Röntgenstrahlung in der braunen Zeit oft missbraucht, um beispielsweise Sterilisationen durchzuführen.

Während diese Art der Strahlung durchaus sinnvoll genutzt werden kann, sieht es bei radioaktiver Strahlung schon ganz anders aus.

Entdeckt wurde sie von dem französischen Physiker Henri Becquerel. Er fand heraus, dass die Atome einiger Elemente zerfielen, weil sie keinen festen Kern hatten. Bei diesem Zerfall wurden große Menge einer unbekannten Strahlung freigesetzt. Am 24. Februar 1896 stellte er diese Erkenntnis in Paris vor.

Ein Jahr später begann Marie Curie sich dieses Phänomens der Strahlung anzunehmen, wobei sie sich der Erkenntnisse von Henri Becquerel bediente und sie vertiefte. Hierfür verwendete sie große Mengen Pechblende, besser bekannt als Uran, aus denen sie jenen Teil destillierte, der für die Strahlung verantwortlich war. So weit die Kurzform der Entdeckung, für die sie 1903 den Nobelpreis für Physik bekam und als Entdeckerin der Radioaktivität gilt.

Wie verheerend radioaktive Strahlung sein kann, erfuhren die Menschen in Hiroshima und Nagasaki nach den Abwürfen der Atombomben. Noch viele Jahre später starben hier die Menschen auf oft qualvolle Weise an der radioaktiven Verseuchung. Auch in modernen Atomkraftwerken wird bei der Spaltung von Urankernen diese Strahlung freigesetzt. Im Normalfall ist dies zwar bedenklich, aber dank entsprechender Abschirmungen gelangt sie nicht ins Freie.

Was passiert, wenn es geschieht, zeigen die

beiden Atomunfälle in Tschernobyl vom 26. April 1986 und Fukushima 11. März 2011.

Mag radioaktive Strahlung schon furchterregend sein, so gibt es eine weitere Strahlungsart, die selbst diese übertrifft. Die Rede ist von der Gammastrahlung. Jeder Stern und auch unsere Sonne gibt sie ab. Dank unserer natürlichen Magnetosphäre gelangt sie so gut wie gar nicht auf die Oberfläche der Erde. Während diese so gut wie keine Auswirkungen für uns hat, sieht das völlig anders bei sehr hoher Konzentration dieser Strahlungsart, in Form eines Gammablitzes, aus. Dieses Phänomen ist eigentlich alltäglich, doch stammen die Blitze von Sternen, die oft tausende von Lichtjahren entfernt und so weit abgeschwächt sind, dass sie keinen Schaden anrichten. Beim Untergang von Sternen, besser bekannt als Nova oder Supernovas, wird so viel Gammastrahlung freigesetzt, wie der Stern während seiner gesamten Lebensdauer erzeugt hat. Diese Blitze bewegen sich fast mit Lichtgeschwindigkeit durchs All, wobei ihre Strahlungsintensität abnimmt.
Würde ein Stern in naher astronomischer Entfernung untergehen und solch ein Blitz die Erde treffen, es käme erneut zu einem Massensterben auf der Erde. Dass diese Befürchtung nicht unbegründet ist, zeigen die Sterne Sirius (Entfernung zur Erde 8,6 Lichtjahre), Alpha Centaurie

(4,3 Lichtjahre), oder der Riesenstern Beteigeuze (550 Lichtjahre).

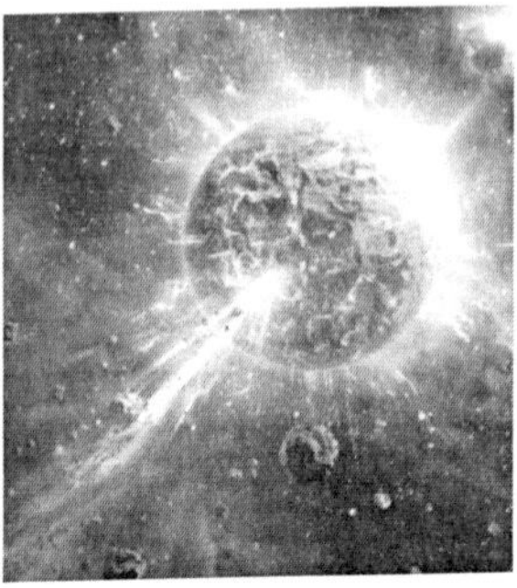

Besonders Beteigeuze bereitet den Astronomen große Sorgen, da sich der Stern in der Endphase seiner Entwicklung befindet, und als roter Riese den oberen linken Eckstern des Sternbildes Orion bildet, und auch mit bloßem Auge sichtbar ist. Da das Licht 550 Jahre bis zur Erde benötigt, könnte der Riesenstern längst zur Nova geworden sein, ohne dass wir es bemerken. Da sich Gammablitze ebenfalls mit Lichtgeschwindigkeit bewegen, ist die Vorhersage eines Einschlags auf der Erde unvorhersehbar. Er würde uns regelrecht, im wahrsten Sinne des Wortes, überraschen und dem Leben auf der Erde ein plötzliches Ende bereiten.

Kommen wir nun noch zu jenen Strahlungen, die wir Menschen selbst erzeugen und ohne die unsere moderne, mobile Gesellschaft kaum denkbar wäre.
Ein jeder kennt Microwellenherde und Handys, da sie fast jeder nutzt. Es ist ja so einfach mit den Herden, denn schneller kann man kaum

Gerichte zubereiten. Dabei verwenden auch diese eine nicht zu unterschätzende Strahlung. Um dies selbst zu erfahren, brauchen sie nur einmal ein rohes Ei hineinzulegen. Durch die Strahlung wird es zerplatzen und eine große Sauerei anrichten. Falls sie es tun, machen sie bitte nicht mich dafür verantwortlich.
Während die Strahlenwirkung hier also ganz einfach nachzuweisen ist, sieht das bei den Strahlen der Mobilfunknetze schon ganz anders aus. Die von ihnen ausgehende Gefahr ist nicht sichtbar und trotz aller Beteuerungen der Mobilfunkanbieter gesundheitsschädlich!
Sendete der 2 G Mobilfunk eine noch vertretbare Strahlung aus, so änderte sich das bereits mit der 3 G (UMTS) Telefonie. Hier, so das Amt für Strahlenschutz, kam es zu erhöhter Strahlungsbelastung für den Menschen.
Noch schlimmer verhält es sich bei den 4 G Netzen, bzw. den angepriesenen 5 G Netzen. Zwar betont die Industrie die Einhaltung der geltenden Strahlungswerte, doch zeigen verantwortungsvolle und seriöse Studien ein anderes Szenario. So wurde in Tierversuchen ein erhöhtes Aufkommen an Krebserkrankungen aller Art bei der Bestrahlung mit 4 G und 5 G festgestellt. Zudem sind die Langzeitwirkungen auf die menschliche DNA noch nicht bekannt. In zahlreichen Arztpraxen klagten Patienten über Kopf- und Magenschmerzen seit sie in der

Nähe der Mobilfunkmasten wohnen.
Doch trotz aller Studien und nachweisbaren Schäden für den Menschen scheint die Lobby der Mobilfunkanbieter so stark zu sein, dass diese Gefahr heruntergespielt wird. Höhere Datenraten, immer schnellere Verbindungen und ein lückenloses, enges Netz an Masten mit ihren Mobilfunkantennen scheinen Vorrang vor der menschlichen Gesundheit zu haben. Ich erlaube mir die Frage, inwiefern hier verantwortlich gehandelt wird und warum wir immer höhere Datenraten brauchen? Ich selbst kannte noch die Zeit, da es keinen Mobilfunk gab. Bis heute vermisse ich persönlich den Mobilfunk nicht, auch wenn ich ein Handy habe, das ich jedoch nur für absolute Notfälle verwende. Zugleich, und das gebe ich auch freimütig zu, sehe ich durchaus den Sinn des Mobilfunks. Die modernen Geräte sind längst zu weit mehr fähig als zum reinen Telefonieren. Sie sind gegenüber den Monstern aus den Anfängen der Informationstechnologie, welche ganze Säle benötigten, zigtausendfach überlegen, wobei sie immer kleiner und noch leistungsfähiger werden.

Viele, aus der Anfangszeit des Mobilfunks erinnern sich sicher noch an den „Ziegelstein“, denn genau so sahen die ersten Handys aus. Entwickelt hat es übrigens Martin Cooper für die Firma Motorola. Der erste Anruf mit einem Mobiltelefon fand am 3. April 1973 statt. Dies sei nur aus historischen Gründen angemerkt. Sicher ahnte Cooper nicht, wie sich seine Erfindung auf die Gesellschaft auswirken würde. Aus dem einst teuren und klobigen Gerät erwuchsen jene Handys der Gegenwart die sich, dank Massenproduktion, inzwischen fast jeder leisten kann. Führend und richtungsweisend ist hier wohl der Hersteller Apple mit dem Visionär Steve Jobs zu erwähnen.

Galten Handybesitzer in der Anfangszeit des Mobilfunks als bestaunte Exoten, so gehören sie heute zum gewohnten Alltagsbild. Gerade die sozialen Netzwerke wären ohne Handys

nicht denkbar. Hier kann, dank dieser kleinen Geister, jeder seine Gedanken, Fotos und Videos einstellen und abrufen. Stellen sie sich Facebook mal ohne seine unzähligen Mobilfunknutzer vor.
Letztendlich stelle ich also fest, dass sich die Welt der Medien und Kommunikation dank des Mobilfunks völlig verändert hat.
Manchmal, und das ist wiederum meine persönliche Meinung, übertreiben wir es. Oft sehe ich Jugendliche, wie sie über ihre Mobiltelefone gebeugt und mit ihren Fingern SMS an Freunde schreiben, selbst wenn diese in Rufweite wohnen. Wäre es da nicht persönlicher, den direkten menschlichen Kontakt zu suchen, anstatt sich der Plage der modernen Kommunikation zu bedienen? Ich selbst rede gerne mit meinen Freunden und Nachbarn. Dafür brauche ich kein Handy, sondern nur meinen Mund und meine Stimme.

Was aber hat das alles mit dem Thema Strahlung zu tun? Mehr als man denkt, denn der Hunger nach mobiler Erreichbarkeit und höherer Datengeschwindigkeit verlangt immer höhere Frequenzen, die wiederum mit zunehmender Strahlenbelastung verbunden ist. Schon jetzt gibt es Pläne für die Verwendung von 6 und 7 G Netzen. Somit komme ich zu dem Fazit, dass wir dabei sind uns selbst zu verstrahlen und unseren Körper schädigen. Zyniker würden vielleicht annehmen, dass dies gewollt ist, um den Menschen gezielt körperlich zu verändern oder zu schädigen, worüber sich auch die Pharmaindustrie freut, da sich hier neue Absatzmärkte erschließen ließen.

Warm- und Eiszeiten

Derzeit wird viel über die Erderwärmung diskutiert. Dabei sind natürliche Schwankungen ganz normal, wie der Blick in die Chronik unserer Erde zeigt:

Im Laufe der Erdgeschichte hat unser heutiger blauer Planet schon vieles mitgemacht. Er war eine Gluthölle und eine kosmische Eiskugel. Wenn wir derzeit in einer Phase der gemäßigten und angenehmen Temperaturen leben, dann ist dies erdgeschichtlich gesehen ein Glücksfall. Die Ursachen für die verschiedenen klimatischen Verhältnisse, welche die Erde im Laufe ihres Daseins durchlaufen hat, sind sehr vielfältig und nicht nur auf ein Ereignis zu begrenzen. Derzeit wird ja gerne von verschiedensten Seiten der Mensch für die Klimaerwärmung, und dem damit verbundenen Ausstoß an Kohlendioxid verantwortlich gemacht. Dabei würde doch ein Blick in unsere Erdgeschichte reichen, um festzustellen, dass dies nur ein Teil der Wahrheit ist. Ich bin sicher kein Freund der Umweltverschmutzung und Verschwendung unserer natürlichen Ressourcen, aber mir gefällt dieser einseitig erhobene Vorwurf nicht. Begeben wir uns also auf eine Reise in die Vergangenheit unserer Erde, um dort nach Ursachen für klimatische Veränderungen zu suchen:

Nach aktuellem Stand ist unsere Erde 4,5

Milliarden, plus/minus 10 Millionen Jahre alt. Ihren Ursprung verdankt sie der Entstehung unseres Sonnensystems vor ca. 5 Milliarden Jahren.

Zuvor gab es hier nur eine gigantische Staubwolke, wie es viele in unserem Universum gibt. Diese Staubwolke verdichtete sich nach und nach. Erste Klumpen bildeten sich, darunter jene, aus denen unsere Sonne geboren wurde. Als dort die Fusion aus Wasserstoff und Helium anlief, kam es zu einer gigantischen

Druckwelle. Man kann sie vergleichen mit der Explosion einer Wasserstoffbombe, nur um ein Vielfaches stärker. Durch diese Druckwelle wurde der umliegende Staub weiter verdichtet, vergleichbar mit einem Schneeball, den wir im Winter rollen. Die ersten größeren Brocken, wissenschaftlich als Protoplaneten bezeichnet, entstanden. Es sollte Millionen von Jahre dauern, bis sie sich auf festen Umlaufbahnen um die Sonne bewegten. Ein großer Rest der einstigen Ursuppe aus Staub verdichtete sich, doch raste er auf unberechenbaren Bahnen um die Sonne, wo er mit jenen Planeten zusammenstieß, die wir heute kennen.

Auch unsere Erde wurde während ihrer Geburtsstunde von unzähligen dieser Brocken getroffen und nahm an Masse zu, bis sie letztendlich zu einer glühenden Kugel wurde, die, ohne jedes Leben, ihre Bahn um die Sonne zog. In der Folge sackten die schweren Elemente wie Eisen und Nickel tiefer in den glühenden Planeten, um dort den Erdkern zu bilden, so wie wir ihn heute kennen. Hierdurch war der erste wichtige Schritt getan. Doch gab es weder eine feste Kruste oder Wasser, noch eine Luftschicht über jenem Glutball, auf dem wir heute leben. Dazu bedurfte es noch einiger weiterer Zutaten.

Weitere Millionen Jahre vergingen, in denen sich unser junger Planet einem Dauerbeschuss an kosmischen Vagabunden aussetzen musste.

Darunter, und das ist der wesentliche und besondere Glücksfall für unsere Erde, waren auch jene mit sehr hohem Wasseranteil. Zusammen mit der Kälte des Universums kühlte die Oberfläche langsam ab und bildete eine erste dünne Kruste, welche das Höllenfeuer aus ihrer Entstehung einschloss. Der nun folgende Prozess sollte weitere Millionen von Jahren dauern, doch dann war es so weit. Die Gase aus ihrer Entstehungsphase wurden ausgewaschen und zu jenen mineralischen Rohstoffen, die wir heute so sehr begehren. Die verschiedenen Gase vermischten sich und bildeten eine erste Atmosphäre. Doch war die Oberfläche zu heiß, damit das existieren konnte, was wir als Leben bezeichnen zumal noch kein Sauerstoff in dieser Uratmosphäre vorhanden war. Das war auch gut so, denn die Existenz unseres Planeten sollte durch den Zusammenstoß mit einem anderen, fast marsgroßen Himmelskörper fast ein Ende finden.

30 Millionen Jahre nachdem unsere Erde ihre Form angenommen hatte, kam es zur Kollision. Hätte der Himmelskörper unsere Erde frontal getroffen, sie wäre vermutlich wie eine Seifenblase zerplatzt. So aber kam es „nur“, zu einem Streifschuss, was dazu führte, dass sich die Neigung der Erde um gut 24 Grad veränderte. Ohne diesen Streifschuss hätten wir heute wohl keine

der bekannten Jahreszeiten, doch sollte dieses Ereignis noch viel weiterreichendere Folgen haben, die dazu beitrugen, dass sich Leben auf der Erde entwickeln konnte.

Durch die Kollision zerplatzte jener Himmelskörper, der sie traf. Die Erde bekam einen Ring, so wie wir ihn vom Saturn kennen. Dieser Ring aus Materie verdichtete sich sehr rasch zu einer neuen Kugel. Unser Mond entstand. War er anfangs recht nah bei der Erde, gut 20.000 Kilometer, so entfernte er sich im Laufe der Zeit ständig weiter bis er in der Gegenwart durchschnittlich 384.000 Kilometer von ihr seine Bahn um die Erde zieht. Dies führte zu der entscheidenden Veränderung der Rotation der Erde.

Dauerte ein Tag kurz nach der Entstehung des Mondes nicht mehr als 8 Stunden, so sind es heute die uns bekannten 24 Stunden, die ein Tag dauert. Bei einem Blick in eine ferne Zukunft werden sich die Tage weiter verlängern, da sich der Mond auch in der Gegenwart weiter von uns entfernt. Eines Tages könnten wir solch lange Tage wie auf der Venus haben. Im Grunde ist der Mond das Kind zweier Eltern. Da sage mir noch einer, dass es keinen kosmischen Sex gibt!

Nach dem Zusammenprall schien es zunächst keine Zukunft für ein Leben auf der Erde zu geben, doch erneut mischten sich kosmische Kräfte ein, um dieses zu schaffen. Um das, was wir als Leben bezeichnen, bedarf es einer Mischung aus den vier Elementen, Sauerstoff, Kohlenstoff, Wasserstoff und Stickstoff. Mehr brauchte es nicht, um vor circa 3,5 Milliarden Jahren das erste Leben entstehen zu lassen. Es waren die ersten Einzeller wie Blaualgen. Doch wie konnte das passieren? Diese Frage wird bis heute heftig diskutiert. Wer war als Erster da, das Huhn oder das Ei? Fest steht, dass es Bakterien ohne festen Zellkern waren.

Wo aber lebten sie? Auch hierüber streitet man noch heute. Einzig allein, dass ihr Lebensraum flüssiges, heißes Wasser war, scheint unbestritten. Daher nennt man sie auch Thermophile, die man bis heute in heißen Quellen nachweisen kann. Aufgrund der damaligen, lebensfeindlichen Umweltbedingungen ist es mehr als wahrscheinlich, dass Leben an vielen Orten auf der noch sehr heißen Erde begann. Diese ersten Lebewesen begannen nun, einen Stoff zu produzieren, ohne den höhere Lebensformen nicht möglich gewesen wären, den Sauerstoff, der bis zu diesem Zeitpunkt vor gut 2,5 Milliarden Jahren so gut wie nicht in der Giftsuppe unserer Atmosphäre vorhanden war. Mit diesem so wichtigen Stoff wurde die Umwelt nach geologischen Maßstäben stark beeinflusst. Heute würde man sagen, es wäre die erste Umweltverschmutzung, doch ohne diese wäre zugleich höher entwickeltes Leben nicht möglich.

Als nächster Meilenstein in der Entwicklung brachte die Natur Lebewesen hervor, die über einen festen Zellkern verfügten. Mit diesem Schritt war im Grunde die Basis gelegt, um jene Wesen zu schaffen, die einst unseren Planeten bevölkerten. Bis zu dem Punkt, da Wirbeltiere, zu denen auch der Mensch zählt, auf der Bühne des Lebens erschienen, sollte es noch lange dauern. Die nun folgenden Jahrmillionen nutzte die Natur, um jene Bedingung zu schaffen, damit sich das Leben weiterentwickeln konnte. Das begann damit, dass es kälter auf der Erde wurde, da die Temperaturen noch über 100 Grad betrugen. Doch manchmal übertreibt es auch die Schöpfung und so kam es, dass die Erde derartig abkühlte, dass sie zu einer Kugel aus Eis wurde.

Die erste Eiszeit vor ungefähr 2,3 Milliarden Jahren dauerte nach einhelliger Einschätzung 300 Millionen Jahre, ein Zeitraum, der für den Menschen der heutigen Zeit kaum fassbar ist. Trotz dieser nun lebensfeindlichen Umgebung blieb das Leben, wenn auch auf Sparflamme, erhalten und entwickelte sich weiter. Ursache hierfür war die Veränderung der Umlaufbahn der Erde um die Sonne, wie sie bis heute, wenn auch in kaum messbaren Zeiträumen, immer wieder vorkommen. Unser Planet wäre wohl immer noch eine große, kosmische Eiskugel wäre es nicht zu Störungen in der Aktivität unserer Sonne gekommen. Durch vermehrte Sonnenstrahlung wurde es zum Ende der Eiszeit wieder wärmer und das Eis zog sich zurück. Hier also hatte eine Klimaerwärmung endlich mal was Gutes für sich.

Nachdem sich das Eis an die bekannten Pole zurückgezogen hatte, sah es völlig anders auf der Erde aus. Es gab nur einen großen Kontinent, der von flüssigem Wasser umgeben war. Eine weitere Voraussetzung für das, was nun folgen sollte, waren die gemäßigten Temperaturen weltweit. Sie bildeten den idealen Nährboden für eine regelrechte Explosion des Lebens. Von nun an experimentierte die Natur mit all ihren Möglichkeiten und brachte über viele Millionen von Jahren immer neue Varianten hervor, wobei der Lebensraum des Wassers wohl als Ursprung dieser Entwicklung anzusehen ist. Den größten Quantensprung sollte die Schaffung der ersten Wirbeltiere darstellen. Mit diesem Panzer aus einem Knochengerüst war es möglich, auch größere Lebewesen zu kreieren. Amphibien, die ausschließlich im Wasser lebten, da hier das Körpergewicht am geringsten war, eroberten ihren Lebensraum. Fische gelten als die ersten Wirbeltiere. All das geschah vor gut 480 Millionen Jahren. Kennzeichnend für diese neue Spezies waren neben einem primitiven Skelett ein Kopf, in dem sich ein ebenso primitives Gehirn verbarg. Ebenso wird vermutet, dass ihnen

die Natur Augen und Mäuler gab.
Mit diesem evolutionären Sprung explodierte das Leben im Wasser. Immer neue Formen, immer neue Möglichkeiten, immer neue Fähigkeiten, nach dieser Devise ließ die Natur ihrer Kreativität freien Lauf. Mit jeder Weiterentwicklung wuchs die Größe der Körper an. Sie wurden zu wahren Monstern und Giganten gegen die selbst der Walhai heutiger Tage wie ein Zwerg erscheinen würde. „Fressen und gefressen werden" war das Motto dieser wilden Zeit der Erdgeschichte. Fast aber wäre es in dieser Zeit auch zum Ende des Lebens gekommen, denn vor gut 450 Millionen Jahren kam es erneut zur Katastrophe.
Das erste Massensterben wurde ausgelöst durch einen gigantischen Vulkanausbruch im heutigen Sibirien, besser bekannt als „Sibirischer Trapp". Fast 200.000 Jahre dauerte diese vulkanische Aktivität, wobei Unmengen an Methan die Luft verseuchten. Dagegen ist das, was der Mensch im Laufe seiner Existenz in die Luft geblasen hat nicht mehr als ein unbedeutendes Nichts. Das Methan reicherte jedoch nicht nur die Luft an, sondern verseuchte auch die Meere jener Zeit. Erst mit dem Ende der Eruptionen konnte sich das Leben auf der Erde erholen. Vor gut 300 Millionen Jahren eroberten Amphibien das Land, und begannen damit, diesen neuen Lebensraum für sich zu nutzen.

70 Millionen Jahre später, vor gut 230 Millionen Jahren, zerfiel der Urkontinent Pangea. Ausgelöst durch zunehmende vulkanische Aktivität, gab es nun die Kontinente Larasia und Gondwana. Fast 50 Millionen Jahre sollten noch vergehen, bis sich jene Kontinente entwickelten, die wir heute kennen.

In dieser Zeit veränderte sich das Antlitz der Erde vollkommen. Aus der einst glühenden Welt seiner Entstehung wurde eine grüne Erde, so wie es sie bis heute nicht wieder gegeben hat. Der Startschuss für die Epoche der Dinosaurier war gefallen.

Bis vor 60 Millionen Jahren sollte diese Spezies die Erde beherrschen, in der der Mensch von heute wohl kaum überlebt hätte. Auch hier begann die Natur erst mit kleinen Lebewesen, doch wurde sie übermütig und brachte lebende Giganten hervor, die jedem Albtraum alle Ehre gemacht hätten. Fast jeder kennt den Raubsaurier T-Rex, oder die gigantischen Pflanzenfresser aus der Gattung der Brachiosaurier. Die Vielfalt und Arten hier aufzuführen wäre wohl des Guten zu viel. Daher verzichte ich auch darauf. Eines hatten alle Saurier gemeinsam. Sie waren eierlegende Wesen, was sich im Nachhinein als fatal erweisen sollte. Das Klima jener Tage könnte man mit dem der Subtropen vergleichen, was solche Auswüchse der Natur begünstigte. Auch war der Sauerstoffgehalt wesentlich höher als in der Gegenwart, was sicher einige Klimaschützer begeistern würde. Vielleicht gäbe es ja noch heute diese Giganten, hätte es nicht zwei Ereignisse gegeben die ihr Ende einleiteten.

Doch bevor man mich hier zerreißt, möchte ich darauf hinweisen, dass die Saurier in Form der Vögel bis heute überlebt haben. Sie sind die Nachfahren und der lebende Beweis ihrer Existenz, ganz abgesehen von den zahlreichen Funden an Skeletten dieser Zeit.

Den ersten Schritt, der die Saurier in ihr Verderben führte, war das Aufkommen der ersten Laubbäume. Auch Dinosaurier können sich eben den Magen verderben und da sich die Pflanzenfresser unter ihnen ausschließlich von Nadelgehölzen ernährten, wäre es wohl so auf Dauer zu ihrem Aussterben gekommen. Da die Fleischfresser von ihnen abhängig waren, wären auch sie verhungert. Vermutlich hätten sie wohl noch einige tausend Jahre länger die Erde bevölkert, wäre es nicht zu jenem kosmischen Ereignis gekommen, das fast jedes Kind kennt.

Ein Asteroid von gut 11 Kilometern

Durchmesser schlug einst im heutigen Golf von Mexiko ein und sollte die Erde erneut in eine Flammenhölle verwandeln.

Binnen kürzester Zeit wurde es nicht nur glühend heiß, sondern auch dunkel auf der Erde. Kein Baum, kein Strauch und eben die Saurier, mit Ausnahme der besagten Vögel, überlebten dieses Inferno. Infolgedessen sollte sich das Sterben der Giganten auch in den Meeren fortsetzen. Nun zeigte sich der Nachteil der eierlegenden Wesen, denn ein Ei kann sich nicht in Sicherheit bringen.

Doch wie immer fand die Natur zuvor erneut einen Weg, um das Leben zu erhalten. Versteckt und in ständiger Gefahr gefressen zu werden, erschien ein kleines, mausähnliches Wesen auf der Bühne des Lebens. Diese ersten Säugetiere lebten in Höhlen und Nischen dieser lebensfeindlichen Welt. Sie brachten lebende Junge zu Welt, was sich als mehr als vorteilhaft erweisen sollte. Zudem sollte sich ihre geringe Größe als weiterer Garant für das Leben erweisen. Die Zeit, da Größe die Herrschaft bestimmte, war endgültig vorbei. Nie wieder hat es solch große Lebewesen auf der Erde gegeben. Jenes kleine Wesen aber, und das gilt als gesichert, ist der Vorfahre des Menschen, auch wenn es noch einige Zeit dauern sollte, bis er die große Bühne betrat.

In der Zeit zwischen dem Aussterben der

Saurier und dem Auftauchen menschlichen Lebens erlebte die Erde verschiedene Warm- und Eiszeiten. Klimaschwankungen gehören in den normalen Zyklus der Erdgeschichte. Für diese Schwankungen ist nicht der Mensch, sondern die Natur selbst verantwortlich. Einerseits gab es in diesem Zeitraum erneut verstärkte vulkanische Aktivitäten mit verheerenden Auswirkungen, andererseits Schwankungen in der Entfernung zwischen Sonne und Erde. All diese Prozesse sind somit natürlichen Ursprungs, an denen der Mensch völlig unbeteiligt war, da er noch nicht existierte. Ein besseres Alibi für seine Unschuld kann es nicht geben. Also bitte einen Freispruch euer Ehren!
Die Ursprünge jener Wesen, das wir als Homo sapiens, als Urmenschen, bezeichnen, liegen wohl auf dem afrikanischen Kontinent. Vor geschätzten Sechsmillionen Jahren entwickelte er sich aus einer Affenart, die zuvor in den Bäumen ihren Lebensraum hatte. Was aus ihm im Laufe der Jahrmillionen wurde, ist letztendlich das, was wir heute sind, der moderne Mensch.

Soweit meine Reise durch die Geschichte unseres Planeten. Es gäbe sicherlich noch vieles andere zu berichten, doch gibt es dazu schon unzählige Bücher. Mit diesem Ausflug wollte ich lediglich aufzeigen, dass der Mensch wenig, wenn überhaupt, etwas mit den Veränderungen des Klimas und des Lebens auf der Erde zu tun hat. Es sei jedoch nicht abgestritten, dass wir dabei sind, unsere Welt auf vielfältigste Art zu verseuchen.

Hilfe, wir ersticken im Müll!

Der chemischen Industrie, insbesondere den Herstellern von Plastik für Verpackungen jeder Art, ist es zu verdanken, dass dieser Müll selbst in unsere Nahrungskette gelangt und damit unser Leben beeinflusst. Hinzu kommt noch all jener Abfall, den wir gerne als Sondermüll bezeichnen und den gerade wir Europäer in die Entwicklungsländer exportieren, da hier die Umweltauflagen gleich Null sind. Warum also handeln wir nicht, um diesem Trend ein Ende zu setzen?
Unserer Großeltern konnten es doch auch. Warum müssen manche Waren mehrfach verpackt sein, warum nutzen wir nicht Verpackungen, die aus natürlichen Stoffen und die leicht abbaubar sind?

Die Antwort auf diese Frage ist so simpel, wie das Problem groß ist. Weil wir nicht aufstehen und dagegen protestieren. Früher, ich habe die Zeit noch erlebt, wurde vieles in Papier anstatt in Plastik eingepackt. Meine Großeltern und ich selbst kannten es nicht anders, dass Milch ausschließlich in Blechkannen oder Glasflaschen abgegeben wurde. Wir aber haben uns daran gewöhnt und sind längst zu Sklaven jener Industrie geworden, die uns diktiert, wie etwas verpackt werden muss. Hinzu kommen die verschiedensten Verpackungseinheiten, die uns vorgaukeln, dass mehr in ihnen steckt, als es tatsächlich ist. Werbewirksam wird dann noch eine heile Welt auf die Verpackungen aufgedruckt, um uns so zu suggerieren, wie umweltbewusst man doch ist. Hier sollten die Politiker ansetzen, etwas zu ändern, doch hat es den Anschein, als wäre die Lobby der Industrie so stark, dass man sich nicht traut, etwas zu ändern. Was nützen all die schönen Umweltsiegel, die kaum noch jemand überblickt, wenn alles im Grunde so weiterläuft wie bisher.

Im Rahmen dieser Thematik muss zwangsläufig auch auf die Veränderung unserer Essgewohnheiten eingegangen werden. Mal eben einen „Kaffee to go“, oder einen Hamburger zum Mitnehmen gehört längst zum normalen Bild unseres modernen Alltags. Natürlich müssen diese Speisen und Getränke in entsprechender Aufmachung, oft verbunden mit einem Logo, verpackt sein. Gerade die großen Fastfoodketten sind hier als Verursacher zu erwähnen. Wir, die Verbraucher und Nutzer, nehmen es protestlos hin und machen uns nur selten Gedanken darüber, was aus der Verpackung wird, die wir, nach dem Verzehr, ohne großes Nachdenken in den Müll werfen. Was aber wird aus dem Plastikmüll?

Im Gegensatz zu Papier- und Biomüll, der fast vollständig recycelt werden kann, wandert der Großteil des Plastiks in die Müllverbrennungsanlagen, oder wird ins Ausland exportiert, wo er angeblich billiger aufbereitet werden kann. Der Hauptgrund hierfür liegt darin, dass viele Verpackungen aus mehreren, verschiedenen Kunststoffsorten bestehen, was die Wiederverwertung kompliziert und vor allem kostspielig macht. Nur sie sogenannten „Reinsorten“ finden ihren Weg in den Wertstoffkreislauf, wo sie in neuen Produkten ihre Wiedergeburt finden.

Dass es sich nicht ganz so verhält, wie es die Hersteller von Kunststoffverpackungen gerne darstellen, zeigt sich an der Millionenstadt Lagos in Nigeria. Diese City ist berüchtigt für seinen Müll, den wir aus Europa dorthin verschicken. Inzwischen hat sich dort ein eigener Berufszweig, die Müllsammler, entwickelt. Hier wird ohne große Technik der Plastikmüll sortiert und primitiv aufbereitet, um anschließend verkauft zu werden. Gut 30.000 Menschen leben von dieser Tätigkeit.

Nun könnte man doch behaupten, dass wir so neue Arbeitsplätze geschaffen haben und der Export nach Lagos eine sinnvolle Verwendung findet. Dem ist leider nicht so, denn die dortigen Umweltauflagen entsprechen bei Weitem nicht den europäischen Standards. Was nicht verwertet werden kann, kommt entweder auf ungesicherte Müllhalden oder wandert ins Meer, wo es sich langsam zersetzt und als Nanoplastik sich über die Meeresströmungen weltweit verbreitet. Viele Fischarten nehmen dieses

Nanoplastik auf, was sich letztendlich in unserer Nahrungskette wiederfindet. Es sei ausdrücklich angemerkt, dass Lagos nur exemplarisch genannt wurde, denn weltweit landet sehr viel des Plastiks in unseren Meeren und Ozeanen wo es, falls wir so weitermachen wie bisher, irgendwann zu Verseuchungen der schlimmsten Art werden könnte, da Fische für viele Völker die wichtigste Quelle tierischer Nahrungsmittel darstellt. Die Auswirkungen auf die Gesundheit des Menschen durch Plastik in der Nahrung ist daher noch nicht abzusehen. Daher gilt es umzudenken und nach Wegen zu suchen, um diese Art von Kunststoffen durch abbaubare Verpackungen zu ersetzen.
Die bei uns beliebte und bekannte Kartoffel dient hier als Paradebeispiel. Diese einst als Zierpflanze aus Südamerika importierte Knolle hat schon einmal dafür gesorgt, dass eine Hungersnot in Europa abgemildert wurde. Dass sie in der Gegenwart auch als Verpackungsmaterial in Form von Bioplastik eine neue Bedeutung findet, kann jeder selbst ausprobieren.

Dazu braucht es nur wenige Zutaten, nämlich 1 Esslöffel Kartoffelstärke, 1 Teelöffel Essig,
4 Esslöffel Wasser und 1 Teelöffel Glyzerin. Gut vermischt wird diese flüssige Masse unter Rühren auf mittlere Wärme erhitzt. Nach wenigen Minuten wird dieses Gemisch zäh.

Anschließend sollte es weitere 10 Minuten durchgerührt werden, damit am Ende dieses Prozesses eine klebrige, klare Substanz entsteht. Die wird nun dünn, z. B. auf einem Backblech ausgerollt oder in Gussformen gegeben, wo sie gut 24 Stunden trocknen sollte und anschließend als Bioplastik verwendet werden kann. Was im Kleinen so möglich ist, sollte auch der Industrie im großen Stil möglich sein, was der Umwelt mehr als gut täte, da sich Bioplastik schnell zersetzt und keine Art des berüchtigten Nanoplastik bildet. Inzwischen haben einige Hersteller die Vorteile dieser sehr vielseitigen neuen Art von Kunststoff entdeckt und das Angebot an Produkten aus Bioplastik ständig erweitert. Es besteht also eine berechtigte Hoffnung, dass irgendwann Plastik aus Erdöl und anderen synthetischen Verbindungen der Vergangenheit angehört.

Mag Plastik allein schon eine Bedrohung der Umwelt darstellen, so gibt es auch Stoffe, die weit schlimmere Auswirkungen haben. So ist es bis heute erlaubt, flüssige, radioaktive Stoffe ins Meer zu leiten. So gelangen täglich 400 Kubikmeter radioaktives Wasser in den Ärmelkanal! Inwieweit sich dieses auf die Meeresflora und -fauna auswirkt, kann niemand abschätzen. Noch schlimmer verhält es sich mit jenen Fässern voller hochradioaktiver Stoffe, die bis

1994 einfach im Meer versenkt wurden. Irgendwann werden diese Fässer undicht und geben ihren todbringenden Inhalt frei. Experten aus aller Welt warnen schon heute davor, was diese tickenden Zeitbomben anrichten werden. Es dauert gut 200.000 Jahre, bis sich die Radioaktivität so weit verringert hat, dass sie ungefährlich ist.

Ich ahne, dass meine Appelle an die Vernunft wohl wie beim einsamen Rufer in der Wüste verhallen werden, ohne dass sie jemand hört, doch hoffe ich zugleich, dass ich nicht der Einzige bin, der auf die aufgeführten Probleme aufmerksam macht. Wenn wir endlich gemeinsam aufstehen würden und die Ketten der Bevormundung abstreifen, erst dann gäbe es vielleicht Veränderungen, doch fürchte ich, dass zu viele von uns den Umtrieben längst erlegen sind und resigniert haben.

Klimaneutrale Energie um jeden Preis

Derzeit ist die Diskussion über zu hohe Co^2-Werte und Klimaneutralität entbrannt. Dem Bürger werden immer neue Auflagen erteilt, um ihn im Sinne der Politiker zu erziehen. Zugleich bauen wir mitten in unseren Wäldern Windparks und erlauben den Herstellern von Akkus für E-Autos große Gebiete abzuholzen. Dieser Wahnsinn einer völlig verfehlten Umweltpolitik entbehrt jeder Grundlage.
Jeder Baum ist ein Wunderwerk der Natur und vorbildlich, was die Speicherung von Co^2 angeht.

Ohne das Kohlendioxid kann ein Baum nicht wachsen und als Dank gibt er Sauerstoff ab. Doch findet diese Tatsache wenig Beachtung in der Umweltpolitik unserer Tage. Hauptsache klimaneutrale Energie, egal zu welchem Preis. Auf den nachfolgenden Seiten wende ich mich daher den derzeit praktizierten, alternativen Möglichkeiten zu und zeige ihre Vor- und Nachteile auf:

Alternative Windkraft

Nutzte der Mensch einst Windmühlen zum Mahlen von Getreide oder als Wasserpumpen zur Entwässerung, so dienen sie heute überwiegend zur Energiegewinnung.
Dabei werden gerade hierbei oft giftige Stoffe, wie Schwefelhexafluorid-Gas, in den Generatoren der Windkraftwerke verwendet. Wie alle Schwefelhexafluorid-Gase gelten sie als äußerst klimaschädlich, wenn sie in die Umwelt gelangen. Die Kohlenfaserverbundwerkstoffe (CFKs)
gelten ebenfalls als Sondermüll, sobald eine solche Anlage abgebaut wird. Hinzu wurde nachgewiesen, dass Anwohner in der Nähe solcher Anlagen häufig über Kopfschmerzen, Schwindelgefühl, Schlafstörungen, Übelkeit, Tinnitus und Reizbarkeit klagen. Ausgelöst werden diese Beschwerden durch das Wind-Turbinen-Syndrom (WTS), das durch den Infraschall der Windkraftanlagen verursacht wird! Als weitere Umweltbelastung unseres Klimas durch Windräder tragen die Verwirbelungen der Luft durch die Rotoren bei. Noch schlimmer erweisen sich diese Auswirkungen, wenn sie in den bekannten Flugrichtungen der Zugvögel gebaut werden. Das alles scheint die Betreiber solcher Anlagen wenig zu interessieren, was sich gerade bei den großen Windparks in Küstennähe deutlich zeigt. Hier, so zeigen Studien sehr eindrucksvoll, kam und kommt es zu

vermehrten Verwirbelungen, was wiederum die Wetterverhältnisse und das Verhalten vieler Seevogelarten verändert.

Alternative Wasserstoff

Die Verwendung und Produktion von Wasserstoff ist keine neue Erfindung. Bereits die ersten deutschen Zeppeline verwendeten ihn als Gas in ihren Zellen. Heutzutage findet Wasserstoff in der Raumfahrt seine Anwendung, da er als Treibstoff in den Raketen eingesetzt wird. Auch in unserem normalen Alltag könnte er recht bald eine verstärkte Verwendung, in Form von Brennstoffzellen, zum Betreiben unserer Fahrzeuge finden.

Die Herstellung von Wasserstoff ist im Grunde recht einfach, da er aus Wasser gewonnen wird. Bei der Produktion muss ledig der Wasserstoff (h^2) vom Sauerstoff (o) getrennt werden, was mittels der Elektrolyse erfolgt, oder simpler gesagt, eine kleine elektrische Spannung, z. B. mittels einer Batterie, oder über der Lichtmaschine reicht aus, um diesen Vorgang auszulösen. Somit wäre es im Grund möglich, ein Auto mit Wasserstoff zu betreiben. Der Benzinmotor, so wie wir ihn kennen, treibt die Lichtmaschine an, welche jenen Strom erzeugt, um Wasser in Wasserstoff umzuwandeln, welcher nun als Treibstoff dient. Diese Hybridtechnologie würde entscheidend dazu beitragen, den geforderten Ausstoß an Kohlendioxid zu verringern, da das, was aus dem Auspuff ausgestoßen wird, reines Wasser ist. Leider weigern sich noch viele Hersteller von Fahrzeugen, diese Idee

aufzunehmen.
Um Wasserstoff im großen Stil herzustellen kann das gleiche Prinzip verwendet werden. Bei der Diskussion um die LNG Terminals findet die Herstellung dieses Stoffes direkt bei uns in Deutschland leider wenig politisches Interesse. Stattdessen wird Wasserstoff mittels Schiffen, die ja mit Schweröl betrieben werden und damit große Mengen an Co^2 produzieren, importiert. Diesen Unsinn soll jemand verstehen. Ich tue es jedenfalls nicht.
Theoretisch kann jeder, der beispielsweise eine Solaranlage hat, Wasserstoff produzieren und zum Heizen, oder zur Gewinnung von Strom verwenden. Wenn ich nun weiterdenke, so stelle ich fest, dass wir viele sehr große Dächer von Fabriken und Lagerhallen haben, auf denen solche Anlagen entstehen könnten, die wiederum Strom aus Wasserstoff produzieren könnten. Natürlich, und das sollte berücksichtigt werden, gilt auch hier die Verwendung umweltfreundlicher Rohstoffe für die Solar- und Brennstoffzellen.
Ebenso hätte diese Art der Energiegewinnung den Vorteil, in den Zeiten, wo weniger Strom benötigt wird, diese erzeugte Energie zur Gewinnung von Wasserstoff, der ja speicherbar ist, zu erzeugen und bei Bedarf zu nutzen. In den Biokraftwerken wird dieser Gedanke bereits umgesetzt.

Leider finden Hybridantriebe im LKW- und Traktorenbau noch keine Anwendung, doch hoffe ich, dass auch diese Hersteller den Vorteil dieser Antriebsart irgendwann erkennen und umsetzen. Einen Lichtblick in dieser Problematik zeigen die ersten Schiffe, die mit Wasserstoff anstatt mit Schweröl betrieben werden.

Geothermie eine Lösung auch in Deutschland?

Strom und Wärme mittels der Wärme aus dem Erdinnern zu gewinnen, hört sich zunächst fantastisch an. Einfach Wasser in den Boden pumpen und von der Hitze aus dem Innern der Erde erhitzen lassen, um anschließend den erzeugten Wasserdampf zum Antrieb der Turbinen zu nutzen. Welch toller Gedanke. Auf Island funktioniert dies doch seit Jahren, warum also sollte das bei uns nicht gehen?

Der Nachteil solcher Kraftwerke in Deutschland besteht zunächst darin, dass es nur wenige Gebiete gibt, welche die Voraussetzungen bieten, um die Kräfte des Erdinnern zu nutzen. Ebenso, und das hat sich leider bei einigen Bohrungen herausgestellt, kann das Anzapfen bereits vorhandener, unterirdischer heißer Wasserspeicher geologische Folgen haben, wie das Beispiel der Stadt Staufen beweist. Hier hatte man die Idee, geothermale Energie zu nutzen. Bei den Bohrungen wurde jedoch eine Gipsschicht durchstoßen, was zur Folge hatte, dass Grundwasser in diese Schicht eindrang. Infolgedessen sackten die Häuser im Ort nach und nach ab. Eine andere Gefahr besteht darin, dass es zu unbeabsichtigten Erdbeben und Bergstürzen kommen kann, sobald solche heißen Quellen angezapft werden.

In der Hinsicht haben es die Isländer leichter als wir, da die Insel Teil des Mittelatlantischen Rückens ist und die Erdkruste dort viel dünner als hierzulande ist. Doch hat dieser Umstand auch seinen Preis, denn immer wieder kommt es auf der Insel zwischen Feuer und Eis zu Vulkanausbrüchen, die natürlichen Ursprungs sind. Somit bleibt festzuhalten, dass Geothermie nur eine winzige Lücke in unserem Energiebedarf ausfüllen kann.

Alternative Biogas

Die Idee, aus nachwachsenden Rohstoffen Energie zu gewinnen, findet hier ihre Anwendung. Meist ist es Mais, der hier als Grundmasse zum Einsatz kommt. Der klare Vorteil gegenüber anderen Kraftwerken liegt in der Einfachheit der Gewinnung und seiner verschiedenen Produkte. Um Biogas zu gewinnen, wird der Rohstoff in luftdichten Tanks mittels dem Zusatz von Bakterien vergärt, so wie es jeder Brennmeister mit seiner Maische macht. Das dabei entstehende Gas (überwiegend Methan) kann direkt verwendet, oder zu Biokraftstoffen umgewandelt werden.
Zur Gewinnung des Rohstoffes Mais wurden die Anbauflächen in den letzten Jahren extrem vergrößert. Aktuell liegt der Anteil bei gut 20 %, oder in Zahlen 2.485.000 Hektar der verfügbaren Anbaufläche.
Da die großen Maishäcksler ebenfalls mit Biodiesel betrieben werden können, erwartet diese Form der Energiegewinnung eine goldene Zukunft.

Alternative Solarzellen

Die Sonne als Spender für Wärme und Energie einzusetzen, findet immer mehr an Bedeutung. Im Grunde können Solarzellen an jedem Ort aufgebaut werden, was gerade den Hausbesitzern als Alternative zu den fossilen Brennstoffen wie Öl und Erdgas zugutekommt. Theoretisch kann jedes Dach, und von denen haben wir unzählige in unserem Lande, mit Solarzellen bestückt werden.

Als Hauptrohstoff für die Herstellung von Solarzellen dient Silizium, einem der am häufigsten vorkommenden Mineralien in der Erdkruste. Lt. Umweltbundesamt werden selbst bei Herstellung der Zellen wesentlich weniger Schadstoffe erzeugt als beispielsweise beim Abbau und der Verstromung von Braunkohle. Dies ist jedoch kein Wunder, da die Umweltzerstörung durch den Tagebau jeder sehen kann, der einmal ein solches Abbaugebiet oder die Kraftwerke besucht hat.

So wunderbar diese Form der Energiegewinnung auch sein mag, so sollten auch die Nachteile nicht unerwähnt bleiben. Solar- und Fotovoltaikanlagen arbeiten nur dann effektiv, wenn die Sonne scheint. Nachts oder bei stark bewölktem Himmel hingegen sind sie daher nur eingeschränkt nutzbar.

Hier jedoch, und das ist die Verbindung zum bereits erwähnten Wasserstoff, kann die nicht

genutzte Energieproduktion zur Umwandlung von Wasser in Wasserstoff genutzt und damit speicherbar umgewandelt werden.
Als weiteren Nachteil hat sich zudem die nachlassende Leistung der Zellen im Laufe der Nutzungsdauer erwiesen. Damit die Zellen ihren maximalen Wirkungsgrad beibehalten, bedarf es der regelmäßigen Reinigung und Wartung der kobaltblauen Flächen. Würde jedes Dach in unserem Lande mit Solarzellen bestückt, so würde die Verschandlung brachliegender, landwirtschaftlicher Flächen durch Solarparks rasch ihr Ende finden. Global gesehen gibt es bereits Überlegungen, die Wüsten unserer Erde mit diesen Zellen zu überdachen, um damit dem Energiehunger unserer modernen Gesellschaft Rechnung zu tragen.

Alternative Wärmepumpen

Gerade in Zeiten erhöhter Kosten für Wärme finden Wärmepumpen ihre Bedeutung. Grob betrachtet bilden sie die ungefährliche Alternative zu den beschriebenen geothermalen Kraftwerken, wozu jedoch einschränkend anzumerken ist, dass sie sich nur bedingt zur Stromerzeugung eignen. Die Idee ist relativ simpel und einfach. Die in der Luft und im Erdreich gespeicherte Wärme wird angezapft und damit ein Kältemittel erwärmt. Mittels eines Verdichters wird nun der Druck im Kältemittel erhöht, was zur Folge hat, dass sich dieses weiter erwärmt. Im letzten Schritt der Wärmegewinnung wird diese Wärme in die Luft der Wohnung abgegeben, was wiederum zur Abkühlung des Kältemittels führt. Somit beginnt der Kreislauf von vorn und stellt eine sinnvolle Heizmethode dar. Einfacher und verständlicher gesagt, ist es die umgekehrte Funktion unserer Kühlschränke. Wer es noch effektiver haben möchte, der nutzt die Energie seiner Solaranlage zur Erwärmung des Kühlmittels. In Niedrigenergiehäusern wird praktisch jede Form von auftretender Wärme, beispielsweise die Abwärme beim Duschen oder beim Kochen genutzt. Inzwischen gibt es fast unzählige Anbieter von Wärmepumpen. Der Kunde hat also die Wahl und sollte sich vorher ausführlich informieren, welche Art von Wärmepumpen er sich zulegt, da es auch hier die unterschiedlichsten Möglichkeiten, wie

Luft-Wasser, Solar-Wasser, Warmwasser und Splitwärmepumpen gibt.
Bleibt letztendlich noch anzumerken, dass die Effektivität und der Nutzungsgrad dieser alternativen Form des Heizens einige Voraussetzungen erfüllen muss. Hierzu gehört in erster Linie die Dämmung der Häuser und eine permanente Luftzirkulation in den Räumlichkeiten, was das Lüften problematisch macht. So ist das Schlafen bei geöffnetem Fenster so gut wie ausgeschlossen, da hierdurch die Bedingungen für den Wärmeaustausch, und darin besteht die Wirkungsweise aller Wärmepumpen, eingeschränkt wird.

Alternative Holzpellets

Fast unbemerkt von den genannten Formen der Energiegewinnung findet die Verwendung von Holz immer mehr Anhänger. Lieferant für diesen nachwachsenden Rohstoff ist überwiegend die holzverarbeitende Industrie, die aus Resthölzern, Sägemehl, Hackschnitzeln und Hobelspänen die Basis der Holzpellets anbietet.

In Zeiten da sich mancher auf die gemütliche Stimmung eines prasselnden Kaminfeuers in der Wohnung besinnt, findet Holz als Heizmaterial immer mehr Anhänger.
Als Rohstoff zur Gewinnung von Strom haben Pellets nur einen unbedeutenden Anteil.

Eine neue Hoffnung, Energie aus Kernfusionsreaktoren!

Die bisher aufgeführten Alternativen können den derzeitigen Hunger nach Energie niemals

vollständig abdecken. Daher setzen viele Staaten noch immer auf herkömmliche Atomkraftwerke, deren Problematik in der Endlagerung der abgebrannten Brennstäbe liegt. Zwar hat Deutschland sein letztes AKW abgeschaltet, doch gibt es für die in Castoren eingeschlossenen Brennstäbe noch kein Endlager. Hierzulande wehrt sich jeder, wenn Pläne offengelegt werden, dass ein solches Lager vor der eigenen Haustüre entstehen könnte, was das Beispiel Gorleben zeigt.

Eine hoffnungsvolle Alternative zu den herkömmlichen Atomkraftwerken, welche die Energie durch Kernspaltung gewinnen, stellen Kernfusionsreaktoren dar. Im Gegensatz zur Spaltung und dem damit verbundenen Atommüll wird hier versucht superheißes Plasma aus Helium und Deuterium zu verschmelzen, wobei ungeheure Energiemengen, ähnlich dem natürlichen Fusionsprozess der Sonne, erzeugt werden. In Frankreich wird derzeit der Versuchsreaktor „Iter“ gebaut.
Die Hoffnung der Forscher besteht darin, dass ein solcher Reaktor unbegrenzte Energie produziert und damit herkömmliche AKWs überflüssig macht. 2025, so die Planung, soll der Iter in

Betrieb genommen werden.

Am Ende dieser Rubrik, bezüglich der Verringerung unseres Co^2-Ausstoßes und der Verwendung alternativer Energiequellen, bleibt festzustellen, dass unser Land weltweit als Vorreiter gilt, wir aber gleichzeitig, nach einer Studie von 2019 global nur 2 % des Anteils an Kohlendioxid produzieren.
Wer uns also glaubhaft versichert, dass wir allein in der Lage sind, hier eine Wende in Sachen weltweitem Klimawandels und Erderwärmung einzuleiten, der ist weit von den realen Gegebenheiten entfernt. Lt. einer Statistik liegen wir im unteren Mittelfeld der Klimasünder. Solange nicht weltweit hier eine Verringerung erfolgt, werden wir die Erwärmung nicht verhindern können. Nur wenn alle Staaten der Erde gemeinsame Anstrengungen unternehmen und ihre Einstellung zur Verschmutzung der Erde ändern, wäre es vielleicht möglich, den Anteil des Menschen an der Klimaveränderung zu verringern.
Doch wie ich in den vorherigen Kapiteln ausführlich dargelegt habe, gibt es Ereignisse, die alle unsere Anstrengungen zunichtemachen, wenn die Natur zeigt, wozu sie fähig ist. Ein einziger Vulkanausbruch der Stärke VEI 7 oder VEI 8 setzt mehr Schadstoffe frei als es der Mensch jemals während seiner gesamten

Existenz, seit er auf Erden weilt, verursacht hat. Dabei habe ich kosmische Ereignisse noch nicht einmal erwähnt und in die Überlegungen mit einbezogen. Hoffen wir, dass die Natur nicht zu dem Schluss kommt, dass es an der Zeit ist, das Lebewesen der Gattung Mensch abtreten zu lassen und an seiner Stelle eine andere Art vom Leben als dominierend zu erschaffen. Die Macht dazu besitzt sie allemal, wie sie, seit der Entstehung unseres Planeten, immer wieder gezeigt hat. Wer also glaubt, der Mensch sei der Natur überlegen und könnte es besser machen als sie, der verhält sich nicht anders als die riesigen Titanen aus der Zeit der Dinosaurier. Sie, die über mehr als 100 Millionen Jahre die Erde beherrschten, sind verschwunden und nur noch ein Kapitel im Buch der Erdgeschichte. Eines Tages, und das ist so gut wie sicher, wird auch der Mensch nur eine Episode darstellen. Wie lange diese dauert, vermag niemand zu sagen. Wir selbst können jedoch unseren Beitrag leisten, damit wir noch lange auf Erden weilen.

Unser täglich Brot gib uns heute

Wir leben im Schlaraffenland, so sollten wir zumindest annehmen. Wenn wir Hunger haben, greifen wir einfach zu den vielfältigen Fertiggerichten und schon haben wir in wenigen Momenten eine gute und preiswerte Mahlzeit.
Doch seien wir mal ehrlich, wer von uns schaut schon auf die Zutatenliste? Wohl nur die wenigsten, denn würden wir es tun, ich glaube, die Freude am Kochen würde uns sehr schnell vergehen. Die schönen Bilder einer perfekt angerichteten Mahlzeit suggerieren uns, wie gesund und einfach es doch ist.
Da ich selbst gerne koche, habe ich anfangs ähnlich gedacht, doch hat sich meine Einstellung zu den Fertiggerichten völlig verändert, nachdem ich mir diese Liste der Zutaten einmal genauer angesehen habe. Nehmen wir als Beispiel unseren viel geliebten Käse.

Natürlich achten wir auf den Preis, denn guter Käse ist nicht gerade billig. Genau das haben auch die Hersteller von Analogkäse erkannt und in ihren Hexenküchen etwas zusammengemischt, was zwar wie Käse aussieht und vielleicht auch ähnlich schmeckt, aber im Grunde überhaupt nichts mehr mit Käse zu tun hat. Analog-Käse wird aus Wasser, Pflanzenfett, Milcheiweiß, Stärke, Aromen und Farbstoffen hergestellt. Der Preisunterschied zu echtem Käse ist enorm, denn bei deren Herstellung

spart die Industrie gut 40 % gegenüber echtem Käse!
In fast allen Fertiggerichten, so habe ich festgestellt, befinden sich die Zusatzstoffe Zucker, Salz und Fett. Hinzu kommen künstliche Aromen und Geschmacksverstärker wie Glutamat, zu finden als E-Nummern (E620 bis E625), Zitronensäure (E330) und vieles andere, was eigentlich nicht in Lebensmittel gehört. Als exemplarisches Beispiel sei hier E 102, Tatrazin, aufgeführt Dieser Farbstoff wird aus Erdöl hergestellt und gilt als gesundheitsschädlich. Zu finden ist er oft in Senf, Likör, Wein, Pudding und Käserinden. Insgesamt sind fast 300 Zusatzstoffe, angegeben als
E-Nummern, in Deutschland erlaubt. Eine jede hier aufzuführen und zu beschreiben, woraus sie hergestellt werden, würden den Umfang dieses Buches sprengen.
Daher beschränke ich mich darauf zu erwähnen, dass in fast allen industriell hergestellten Lebensmitteln Stoffe vorhanden sind die, kleingedruckt, auf den Rückseiten der Verpackungen erwähnt werden. Wer sich die Mühe macht, die Art der Inhaltsstoffe, Aromen, Zusätze und Hilfsmittel genauer herauszufinden, wird rasch feststellen, wie sehr die Lebensmittelindustrie trickst, um Kosten einzusparen.
Natürlich wird stets versichert, dass man sich dabei an die geltenden Bestimmungen des

Lebensmittelrechts hält.
Ursprünglich hatte ich vor, hier eine detaillierte Auflistung der erwähnten Stoffe einzubringen, doch verzichte ich bewusst darauf. Wer mehr zum Thema wissen möchte, dem rate ich, auf den unzähligen Seiten des Internets nach den genannten Stoffen zu suchen, um sich einen eigenen Überblick zu verschaffen.
Letztendlich bleibt daher zu diesem Kapitel nur noch eine Frage:

Wie viel Einfluss hat der Verbraucher?

Was können wir, die wir täglich die Lebensmittel verwenden, gegen die aufgeführten Missstände tun?

Auf den ersten Blick nicht viel, da nur wenige es sich leisten können, sich naturreine, ursprüngliche Lebensmittel zu kaufen. Der Masse unserer Bevölkerung ist dies aufgrund der hohen Preise verwehrt. Es gäbe zwar hier einen Weg, doch ist es eine Utopie, ihn zu gehen.
Die Produktion gesunder Lebensmittel ist zeitaufwendig und kostenintensiv. Der Handel ist bestrebt, hier Lebensmittel anzubieten, die sich auch der „normale" Verbraucher noch leisten kann, was dazu führt, dass letztendlich Druck auf die Erzeuger, insbesondere auf unsere Bauern und Landwirte, durch ein immer härteres Preisdiktat ausgeübt wird. Hinzu kommt, dass viele Lebensmittel aus dem Ausland, und damit meine ich global, zu günstigen Konditionen eingekauft werden. Der Grund liegt in den recht laschen Auflagen, sofern sie dort überhaupt existieren. Ein weiterer Grund ist sicher auch, dass aus einfachen Bauernhöfen große Produktionsbetriebe im industriellen Stil entstanden sind. Der einfache, ursprüngliche Bauer mit wenigen Hektar Land, und geringem Tierbestand hat gegen diese Konzentration und dem damit entstandenen Preisdruck kaum eine Überlebensmöglichkeit.

Er, der noch echte Landwirtschaft im herkömmlichen Sinne betreibt, wird auf Dauer der Verlierer in diesem rigorosen Preiskampf sein, es sei denn wir, die Verbraucher, wenden uns gegen die Macht der Lebensmittelkartelle.
Im Kampf um gute, aber günstige Lebensmittel gibt es bedauernswerterweise auch hier Verlierer und das wären eben jene mit geringen Einkünften, da sie die Preise für eine kostendeckende Produktion solcher Höfe kaum bezahlen können. Dabei sollte es doch ein Grundrecht sein, dass sich jedermann gesunde Lebensmittel leisten kann. Hier kommen nun die großen Handelsketten ins Spiel. Ohne Namen zu nennen, sind sie es, die mit ihren Handelsspannen und dem Streben nach immer mehr Gewinn beide Seiten, also Erzeuger und Verbraucher, unter Druck setzen.
Oft führen sie als Argument die Grundversorgung der Bevölkerung ein, doch sehe ich darin eher eine gewisse Ironie, um die eigenen Ziele und Vorgaben zu verwirklichen. Im Grunde ist dies ja auch die Wurzel allen Übels, da allein die Lebensmittelindustrie mit ihren Tricks und, in meinen Augen dubiosen Möglichkeiten, in der Lage ist, das Versprechen der Versorgung zu gewährleisten.

Wir, die Verbraucher, als letztes Glied in der Kette, sind diesen Auswüchsen manischer Gier

regelrecht ausgeliefert. Es liegt also in den Händen unserer gewählten Politiker, hier regulierend einzugreifen. Die Forderung der Bauern nach geringeren Co²-Abgaben und Steuern für ihre Traktoren, Mähdrescher, und andere landwirtschaftlich erforderliche Fahrzeuge, ist daher verständlich und nachvollziehbar, ebenso wie die Abschaffung von immer mehr Bürokratie und Auflagen. Der Bauer als Produzent ist bestrebt, gesunde Lebensmittel anzubieten, was ihm jedoch durch viele Richtlinien und Auflagen verwehrt wird. Um unseren Landwirten dauerhaft ein Überleben zu ermöglichen, müssen sie, aufgrund des Preisdrucks für ausländische Lebensmittel, subventioniert werden.
Nun könnte man natürlich als Verbraucher Lebensmittel aus dem Ausland meiden und so einen Boykott auslösen, doch wer ist hierzu schon bereit, da aus den genannten Gründen, die Preise für lokale Lebensmittel für den Normalverbraucher kaum bezahlbar sind. Bleibt also nur der Druck auf den Handel, der jedoch wiederum günstige Lebensmittel, aus den gleichfalls aufgeführten Argumenten, im Ausland besorgt.

Wie man sieht, ergibt sich hierdurch ein Teufelskreis.
Wie aber soll dieser gordische Knoten zerschlagen und das Dilemma zugunsten der Landwirte,

aber auch für uns Verbraucher, gelöst werden? Diese Frage stelle ich jenen, die für unsere Gesundheit durch gesunde Lebensmittel verantwortlich sind. Ihnen obliegt es, hier Veränderungen einzuleiten, zum Wohle aller. Leider scheint die Lobby der Bauernschaft und der Verbraucher nicht groß genug zu sein, um jenen Druck auszuüben, damit ein Umdenken für diese existenzielle Situation erfolgt.

Eine heile Welt – nur eine Vision?

Nachdem ich so viele verschiedene Katastrophen und die daraus resultierenden Szenarien beschrieben habe, bleibt nur noch eine Frage zu klären: Wie müsste eine Welt aussehen, die Hoffnung macht?
Über die Antwort wird philosophiert und gestritten, seit es diese Frage gibt. In einigen Punkten sind sich die Visionäre einig, es wäre eine Welt ohne Kriege, ohne Hunger, ohne Armut. Eine Welt, in der sich die Menschen aller Völker friedlich vereinen und sich als ein Volk verstehen. Die Griechen bezeichneten sie als Terra, die geeinte Erde. Statt eigennütziger Ziele würde die Gemeinnützigkeit an erster Stelle stehen. Wenn ich bedenke, welche Summen für Rüstung und Kriege ausgegeben werden, anstatt dieses Finanzpotenzial zum Wohle aller zu verwenden, dann frage ich mich, warum geschieht es nicht? Unsere wunderschöne Erde könnte jener Garten Eden sein, von dem fast alle Religionen berichten. Es gäbe keine Staatsgrenzen mehr, sondern nur noch eine Menschheit, deren Bestreben darauf basiert, das Potenzial des Wissens und der bereits vorhandenen Techniken zu nutzen. Das Streben nach neuen Horizonten und vielleicht sogar nach neuen Welten, fernab unseres Sonnensystems, wäre eine logische Folge dieser Entwicklung. Dass solche Pläne im kleineren Umfang bestehen, sieht man an den Ankündigungen vieler

Nationen, die Raumfahrt betreiben. Dass ein gemeinsames Forschen und Zusammenleben möglich ist, kann jeder selbst sehen, wenn er die Internationale Raumstation ISS ab und zu über den Nachthimmel ziehen sieht. Fest steht, es wird im Kleinen beginnen und wenn wir auf die Entwicklung des Lebens schauen, tun wir es der Natur gleich.

Das Leben auf der Erde begann mit Einzellern. Es hat Milliarden Jahre gedauert, bis sie den Menschen schuf. So viel Zeit aber werden wir nicht haben, da natürliche, kosmische Abläufe absehbar sind, die unser Leben auf der Erde gefährden. In spätestens einer Milliarde Jahren wird es, bedingt durch Veränderungen auf unserem Zentralgestirn, so heiß auf der Erde sein, dass ein Leben auf der Oberfläche unmöglich ist. Wenn der Mensch überleben will, dann muss er zwangsläufig den Weg in die Unendlichkeit gehen. Die ersten Schritte auf dieser Reise werden die Besiedlung des Mondes und des Mars sein. In wenigen Jahren, vielleicht sogar noch zu meiner Lebenszeit, werden die ersten Siedlungen auf dem Mond Realität. Leider, und das könnte alle Pläne zunichtemachen, wird hier national gedacht.

Schon jetzt beanspruchen verschiedene Nationen eigene Territorien auf dem Mond, was schon einen Widerspruch darstellt, da niemandem allein unser Trabant gehört.

Hier, in unmittelbarer Nachbarschaft zu unserem blauen Planeten könnte es beginnen, eine große Gemeinschaft mit dem Bestreben die vermuteten Rohstoffe zum Fortschritt aller zu nutzen. Das Gleiche gilt für den Mars, denn auch um ihn ist der Wettlauf nach der Vorherrschaft und seine Besiedlung längst entbrannt. Diesem nationalen Irrglauben gilt es, entgegenzuwirken. Solange dieser Machtwahnsinn einiger weniger als Motor dieser Entwicklung dient, so lange kann es keine Weltgemeinschaft geben. Es sind nicht die einfachen Menschen, die den Großteil unseres Planeten ausmachen. Es sind nur einige wenige, die dem Irrglauben verfallen sind, dass ihnen allein das Privileg zusteht zu bestimmen. Fehlgeleitet und beseelt vom Streben uneingeschränkter Macht, verhindern sie jene Entwicklung, die als Klebstoff der Verschmelzung der Völker dienen könnte. Dabei lehrt uns doch unsere eigene Geschichte, wohin solche Tendenzen führen können. Die Menschheit hat zwei fürchterliche Kriege mit Millionen von Opfern überstanden, aber gelernt hat sie daraus nichts. Mit den Waffen der heutigen Zeit würde sie einen Dritten Weltkrieg wohl kaum überstehen. Doch genau hierfür wird Geld ausgegeben, anstatt es in Wohlstand, Frieden und Fortschritt zu investieren. Ich weiß, dass ich mich mit diesem Wunsch wiederhole, doch bin ich mir ebenso sicher, dass ich damit nicht

allein bin. Derzeit haben wir nur unsere kleine Erde, jenes Staubkorn am Rande der großen Sterneninsel, die wir als Milchstraße bezeichnen.
Wer heute noch daran zweifelt, dass wir allein im Universum sind, der ist wirklich größenwahnsinnig. Leben auf fernen Welten, vielleicht sogar ähnlich der unserer Erde, ist bei der Zahl an Planeten mehr als wahrscheinlich. Habitable Zonen, so wie wir sie kennen, sind daher nicht die Ausnahme, sondern, und da werden mir viele sicher beipflichten, eine unübersehbare Häufigkeit.
Nehmen wir einmal an, jene Zivilisationen hätten die gleiche Entwicklung wie die Menschheit durchlaufen. Es hätte Kriege, wie wir sie erlebt haben, dort gegeben, die sie vielleicht bis an den Rand der eigenen Ausrottung gebracht hätten. Sollten sie das überstanden haben, dann stellt sich die Frage, wie haben sie es geschafft? Leider können wir sie nicht fragen, denn dazu sind die kosmischen Entfernungen einfach zu gigantisch. Nehmen wir des Weiteren an, wir würden mit einer solchen Welt in Kontakt kommen, welche Fragen würden wir wohl stellen? Bis wir eine Antwort darauf bekämen würden Jahre, wenn nicht sogar Jahrhunderte vergehen. In den Visionen vieler Schreiber von Zukunftsromanen wird von Wurmlöchern gesprochen, um diese Zeiträume zu verkürzen.

Eine Krümmung im Raum-Zeit-Gefüge dient als Abkürzung. Raumschiffe, die sich mit Geschwindigkeiten weit über der des Lichts durch den Raum bewegen, gehören ebenso zu ihren Visionen. Im Grunde sprechen beide Möglichkeiten dasselbe Problem an, die Barriere der Zeit. Zeit, die wir damit verschwenden, uns das Leben schwer zu machen. Zeit die man sinnvoll nutzen könnte. Zeit, die dem Menschen fehlt, um wirklich etwas zu verändern.

Ein durchschnittliches menschliches Leben dauert zwischen 70 und 90 Jahre. Von dieser Zeitspanne müssen wir gut 20 Jahre für die Entwicklung vom Säugling zu Erwachsenen, ebenso wie jene Jahre des Alters abziehen. Bleiben letztendlich 40 bis 60 Jahre Lebenszeit, da wir uns aktiv an der Entwicklung unserer selbst und der Gemeinschaft einbringen können. Mit etwas Glück kann diese aktive Zeit mittels unserer modernen Möglichkeiten der Medizin verlängert werden. Dennoch wird dieser Zeitraum nicht ausreichen, um wirklich etwas zu verändern und die Menschheit auf den Weg der Einheit zu führen. Wenn also der Mensch unbedingt ein Feindbild braucht, um etwas zu bewirken, dann ist es die Zeit. Sie allein, und dass was wir mit ihr anfangen, ist der entscheidende Faktor in unserer Entwicklung.

Weitsichtige Forscher entwickelten einst die Raumsonde Pioneer X. Ihr Start erfolgte am 2.

März 1972. Das Ziel dieser Sonde ist eine Botschaft an jene Welten, die sie in tausenden von Jahren erreicht. Vielleicht leben dort Wesen, die sie sehen und einfangen. Ihnen wird es vergönnt sein zu erfahren, dass es den Menschen gibt, denn an Bord der Sonde befindet sich eine vergoldete Aluminiumplatte, auf der ein Mann und eine Frau vor der Sonde zu sehen sind. Werden die Fremden den Sinn dieser Botschaft verstehen? Die Antwort werden wir wohl so schnell nicht erfahren. Und selbst wenn es so wäre, so besteht die hohe Wahrscheinlichkeit, dass der Mensch, sollte er so weitermachen wie bisher, nicht mehr existiert.

Letztendlich kann die Frage in der Überschrift dieses Kapitels wohl niemand mit Gewissheit beantworten. Wir können nur versuchen, eine heile, lebenswerte Welt zu schaffen. Ob es gelingt, darüber werden jene Generationen urteilen, die in hunderten, wenn nicht sogar erst tausenden von Jahren leben. Hoffen wir alle, dass sie es noch können.

Zum Abschluss ein kleines Fazit

Bewusst habe ich den Buchtitel „Szenarien und andere Katastrophen" gewählt. Die ursprüngliche Idee, wie sie in den ersten Geschichten und Szenarien erfolgte, veränderte sich, je länger ich über die verschiedenen Themen nachdachte. Im Laufe meines Lebens war ich stets neugierig und in vielen meiner Bücher findet diese Neugier ihren Niederschlag. Ich bin eben nicht nur ein Schriftsteller, sondern betreibe Hobbyastronomie und Geologie seit vielen, vielen Jahren. Jenes Wissen, das ich mir so angeeignet habe, ist letztendlich die Essenz meiner Recherchen.

Je länger ich schrieb, je tiefer ich in die einzelnen Bereiche und Kapitel eintauchte, umso mehr wurde mir vor Augen geführt, wie schön doch das Leben sein kann. Gerade in den letzten Kapiteln wurde mir aber auch klar, wie sehr wir Menschen dabei sind, unseren so lebenswerten, kleinen, blauen Planeten zu seinem und unserem Nachteil zu zerstören. Es gäbe sicher noch viele andere Bereiche, über die ich hätte schreiben können. Da wäre die Vernichtung des Regenwaldes, die Macht der Pharmaindustrie, und welche Lösungen es gäbe, dass der Mensch seinen Nachkommen auch in Zukunft einen lebens- und liebenswerten Planeten hinterlässt. Das aber schien mir zu weit ausgeholt.
Mir bleibt letztendlich die Hoffnung, dass dieses kleine Werk Denkanstöße vermittelt, um

jene Botschaft zu senden, die meines Erachtens dazu beiträgt, dass wir trotz aller Szenarien und Katastrophen überleben.

Ihr und Euer
John Barns

Mehr von John Barns bei DeBehr

Ich betrat den Boden von Taipeh, was für eine fremde Welt! Um mich herum brodelten Menschenmassen, die sich geschäftig durch die Gassen schob. Bald darauf stellten mich unsere Gastgeber einer Frau vor, die mir schon beim ersten Augenaufschlag tief in die Seele zu blicken schien – sie war eine Berühmtheit in dieser Stadt, To Jang, Herrin des Maika-Hauses, Gebieterin über viele Geishas.

Diese Begegnung bildete den Beginn einer unglaublich sinnlichen Reise in die Gefilden außergewöhnlicher asiatischer Liebeskunst. In seinem neuen Werk entführt der Autor John Barns seine Leser in die Welt der sagenumwobenen Geishas, in ihre Rituale. „Dieses Buch brilliert durch ein Feuerwerk der Worte und den Sturm der Gefühle. Was der Autor erleben durfte, klingt so unwahrscheinlich und ist doch so real …“ So schrieb ein bekannter Buchkritiker über dieses Buch: „Erleben Sie die Welt des Miyako Odori, seien Sie hautnah beim Ritual des Mizuage dabei, begleiten Sie John Barns ins Maika-Haus. Erfahren Sie die wahre Geschichte der Geishas, die Fremden normalerweise verwehrt bleibt.“

Taschenbuch, 404 Seiten, Preis: 14.95,
ISBN: 9783957536242

Meinen wahren Namen kennen nur wenige Menschen. Mein Künstlername hingegen war lange Zeit als Natalie in der Szene bekannt. Er war mein zweites Ich, meine Rüstung und mein Schutz, denn ich war ein Freudenmädchen, eine Prostituierte. Eine Frau, die ihren Körper für Geld verkaufte, eine Frau, die sich nach der grenzenlosen Freiheit sehnte und in der Hölle landete... Als die junge Natalie aus Lettland im Urlaub auf Menorca Herrmann kennenlernt, verliebt sie sich Hals über Kopf. Der smarte Deutsche umwirbt sie, verwöhnt sie, lädt sie zu sich nach München ein. Mit der Landung des Flugzeuges aus Vilnius beginnt für die junge Frau ein Alptraum. Sie ist nur eine von vielen Belogenen, die für die Arbeit in Bordellen mit falschen Versprechungen angelockt werden. Hilflos gerät Natalie in die Fänge des Rotlichts, das stets nach „Frischfleisch" giert. Eine wahre Geschichte um Lügen, Gewalt, Unmenschlichkeit, aber auch Zusammenhalt, Hoffnung und Mut.

346 Seiten Taschenbuch, Preis: 12.95,
ISBN: 9783957534637

2004: Im Kitt Peak National Observatory auf Hawaii wird eine besorgniserregende Beobachtung gemacht - ein Komet, der bald den Namen Apophis tragen soll. Berechnungen zufolge schlägt er 2029 auf der Erde ein. In den kommenden Jahren arbeiten Wissenschaftler, unter ihnen auch John Carter, mit Hochdruck an einem Schutz des Planeten vor der Zerstörung, doch alle Forschungen offenbaren stets nur die Ohnmacht der Menschheit gegenüber der drohenden Gefahr. Bald kreuzt Apophis die Erdumlaufbahn. Die Menschheit bereitet sich auf den Impact vor. Die Apokalypse steht unmittelbar bevor. Und auch John Carter rechnet mit dem Schlimmsten... HOCHSPANNUNG verspricht dieser Roman, der die reale Bedrohung unseres Erdballs im Jahr 2029 thematisiert und sich auf wissenschaftliche Recherchen und Fakten stützt.

276 Seiten, 12,95 Euro, ISBN: 9783957531131

Im Jahr 1974 sendete die Menschheit trotz Warnungen namhafter Wissenschaftler Nachrichten über die Existenz unserer Rasse ins All. Fünfzig Jahre später liegt die Erde in Schutt und Asche. Damals suchten wir nach anderen Zivilisationen. Ja, es gibt sie, und sie machten sich auf den Weg zu uns. Ich war einer der wenigen, die nicht ermordet wurden, die nicht als Futter für andere Wesen endeten. Man entführte mich, nahm mich als Sklave mit in die Tiefen der Galaxis, hin zu fremden Welten. Meine Herren waren Räuber, die andere Planeten überfielen. Lassen Sie mich Ihnen davon berichten...

Als es den Mond aus seiner Bahn warf, unser Trabant von der Erde weg triftete, war wieder ein Schritt des Untergangs der Menschheit vollzogen. Auch unser Planet würde unweigerlich vernichtet werden. Die Sonne tobte, der Stern, der uns das Leben geschenkt hatte, Wärme und Licht gab, würde sich aufblähen, alles Geschaffene verschlingen, in einem riesigen Feuerball. Einige Auserwählte sollten gerettet werden, auf Fähren in die Tiefen des Alls transportiert das Erbe der Menschheit erhalten, irgendwo neu siedeln, neue Welten erkunden. Doch die armen todgeweihten Teufel, die es nicht wert waren, am Leben zu bleiben, die Masse der Bewohner unseres Planeten, reagierte wie befürchtet. Chaos und Gewalt gewannen die Oberhand, Anarchie regierte, wohin man sah. Die Urangst der Menschheit wird Realität. Ein wissenschaftlich hervorragend recherchierter Roman.

322 Seiten Taschenbuch, 12,95 Euro,
ISBN: 9783957533708

In der Pyramide von Tenochtitlan in Mexiko - Gespannt drangen die Forscher von der Spitze des Bauwerks in jene geheimnisvolle Welt ein, die über Hunderte von Jahren kein Mensch mehr betreten hatte. Der Weg führte über eine steile, ausgetretene Treppe gewunden in die Tiefe. Ein modriger Geruch machte die Erkundungen nicht gerade angenehmer. Zwar wusste man, dass auf diesem sakralen Bauwerk einst Menschenopfer gebracht wurden, doch hoffte man insgeheim, keine Überreste jener grauenvollen Zeremonien zu finden. Je tiefer man in das Innere eindrang, umso rätselhafter wurde es. Nach gut einhundert Metern endete die Treppe vor einer steinernen Wand. Niemand der Anwesenden ahnte, dass sie bald etwas zu sehen bekämen, das all ihr Wissen über die Azteken über den Haufen werfen würde. In der Geschichte der Menschheit gibt es immer wieder Ereignisse, die uns selbst in der modernen Zeit zum Erstaunen und Nachdenken bringen. Wie konnten die uralten Zivilisationen so genau die Umlaufbahnen der Planeten berechnen? Wieso sind die Pyramiden von Gizeh auf den hundertstel Millimeter genau auf die Gürtelsterne des O-rion ausgerichtet und das ohne die modernen Hilfsmittel?

308 Seiten Taschenbuch, 12,95 Euro,

ISBN: 9783957534354

„Papa, du bist ein Sklaventreiber!“ Da waren sie wieder, die Worte meiner Tochter, die auch den Lippen meiner Schwiegermutter gern entfleuchten. War denn meine Bitte, das Zimmer ein wenig lebenswerter aufzuräumen, so unangebracht? Wir saßen im Haus meiner Schwiegereltern fest – mit unseren kleinen Kindern. Diese Situation entsprach keinesfalls unserer Lebensplanung, doch erstens kommt es anders, und zweitens als man denkt. Meine Frau arbeitete, während ich Feinheiten in der Küche und im Haushalt ausbaute. Ich blieb daheim, während sie im vollen Leben stand. In dieser Zeit spürte ich ein neues Gefühl. Es war eine Art Leere in mir, die mich übermannte. Irgendwie schien mir die Lust am Leben allmählich zu vergehen. Wie eine schleichende unsichtbare Krankheit veränderte sich mein Gemütszustand. John ist Hausmann wider Willen. Die vorsichtigen ersten Schritte, sich den Haushalt Untertan und die Kinder gefügig zu machen, sind bekanntermaßen die schwersten.

Mit Humor, Augenzwinkern und jeder Menge Vaterwitz erzählt der Autor aus der wohl schwierigsten Zeit seines Lebens.

150 Seiten Taschenbuch, 10,95 Euro,
ISBN: 9783957536235

RÜGEN Die malerische Insel der Ostsee hat neben ihren touristischen Attraktionen auch verwunschene Orte und geheimnisvolle Geschichten zu bieten. Im Hexenwald bedeckt ein einziger Baum einen ganzen Wald. Der Gesang der Schwäne Rügens heilt traurige Herzen. Die Steine der Insel, so sagt man, haben magische Kräfte. Eine geheimnisvolle Kirche vermag, die Liebe zu bewahren. Ein altes Gutshaus hat eine bewegende Vergangenheit. Eine Quelle soll Wunder bewirken können. Dies und mehr erzählt John Barns über die Ostseeinsel. Er lädt zu den Orten seiner Geschichten weitab der Touristenpfade ein. Der Autor lebt und schreibt auf Rügen.

208 Seiten Taschenbuch, 12,95 Euro,
ISBN: 9783957538826

SIND SIE REIF FÜR DIE INSEL? Wie wäre es mit RÜGEN? Ob Abstecher, Kurzurlaub oder Wochen der Erholung - hier werden Sie glücklich. Sie können in Kurbädern flanieren, die Ruhe der Natur genießen, Wanderungen unternehmen, dem Kreischen der Möwen lauschen, kulinarischen Genüssen frönen, im Schatten der Kreidefelsen ruhen und vieles mehr. John Barns erzählt Geschichten von Rügen und seinen Bewohnern und lädt Sie an die schönsten Orte ein. Entdecken Sie die Geheimnisse der Insel. Lernen Sie den König von Rügen kennen. Erkunden Sie die Stadt der Rosen. Erfahren Sie, was es mit den gigantischen Steinen auf sich hat, die man überall finden kann. Bewundern Sie das Rote Schloss. Lernen Sie die romantischsten Seiten der Insel kennen und vieles mehr. Ein Reiseführer für Entdecker, die mehr wissen wollen. Band 2 der Rügen-entdecken-Reihe von John Barns.

172 Seiten Taschenbuch, 12,95 Euro,
ISBN: 9783957539670

"Du verdammter Krüppel! Man sollte dich wie eine Ratte erschlagen, damit wir dich los sind!", tobte mein Vater. … Die Hebamme handelte auf eigene Faust, was mein Leben von der ersten Sekunde an bestimmen sollte. Sie bekam das in Steißlage befindliche Kind am Arm zu fassen, und als eine weitere Wehe meine Mutter fast um den Verstand brachte, zog sie mit aller Kraft daran. Es gab ein dumpfes Geräusch, als würde jemand einen nassen Lappen gegen eine Wand schleudern. Tatsächlich hatte sie mich auf die Welt gebracht, doch hatte sie mir dabei den rechten Arm regelrecht abgerissen. Zwar bemerkte sie die klaffende Wunde, aus der das Blut schoss, doch anstatt sofort zu handeln, versuchte sie, ihren Fehler zu vertuschen. So wickelte sie mich, zusammen mit dem Arm, in die bereitliegenden Tücher. Es grenzt fast an ein Wunder, dass es gelang, die große Wunde komplett zu verschließen. Leider waren die inzwischen geschädigten Nerven und Sehnen nicht mehr komplett zu retten. Ich begann mein Leben mit einer Behinderung. Das Leben des kleinen Johann steht von Geburt an auf Messers Schneide. Er ist ein Krüppel, gilt als Schande, soll weg. Mehrfach trachtet man ihm nach seinem jungen Leben. Als unwert von seiner Familie verspottet und schwerst misshandelt, befindet sich der Junge hilflos in der Hölle seiner Kindheit. Eine erschütternde Autobiografie.

332 Seiten Taschenbuch, 12,95 Euro,
ISBN: 9783957539090

„Wenn die Sterne vom Himmel fallen, sich die Sonne verdunkelt und der Sommer zum Winter wird, dann zeigt Satanus seine dunkle Macht.“ Als der kleine Michael das Licht der Welt erblickt, meint es das Schicksal nicht allzu gut mit ihm. Er ist ein Hinkebein, ein Gezeichneter. Die Leute seines Dorfes verspotten das humpelnde Kind, es wird zu einem misshandelten Sündenbock. Ein Zufall führt den Jungen in die Hände von Kunibert, den Hofnarren, der ihn in seiner Kunst unterweist. Michael bespaßt bald die Obrigkeit in deren Palästen und erhält Einblicke in die Klüngel der Mächtigen. Bei Graf Frankenberg findet Michael eine Anstellung und in Gräfin Gertrudes eine wohlgesonnene Herrin, deren Vertrauter er wird. Nun ist der Knabe am Hofe einer der wenigen, die laut sagen dürfen, was sie denken, wenn auch in Späßen und Schabernack verpackt. Doch die Kirche lässt überall im Lande Scheiterhaufen errichten. Es brennen die, die es wagen, ihren Mund aufzumachen. Selbst ein Narr ist sich seines Lebens nicht mehr sicher. Zudem droht ein blutiger Krieg. Die fesselnden Chroniken eines Hofnarren im Mittelalter.

Paperback mit 344 Seiten., Preis: 12.95 €,
ISBN: 9783987271090

Das Schicksal der Menschheit in der Hand eines Fremden - Eine Science-Fiction-Reise durch die Zeit .....Er war schon lange hier. Zu Zeiten der Pharaonen hatte er seinen Fuß auf diesen Planeten gesetzt und zugleich den Bau der Pyramiden veranlasst. Seitdem hatte er viel erlebt. Kriege, Naturkatastrophen, ein Werden und Vergehen von Zivilisationen. Beim Ausbruch des Vesuvs in Pompeji sah er, wie Unzählige unter der meterhohen Ascheschicht begraben wurden. Im Mittelalter ertrug er den Anblick von Hexenverbrennungen. Als die Pestopfer in den Straßen siechten, war ihm schwer um sein Herz. Und als sie die Atombombe bauten, fürchtete er die Vernichtung seines gesamten Werkes. Er war ein Lehrer. Leider waren seine Schüler Barbaren und bereit, sich selbst zu vernichten. Und auch er geriet nicht selten in Gefahr um Leib und Leben. Mexiko, in der Pyramide von Tenochtitlan, einst eine Stätte für Menschenopfer: Forscher dringen in jene geheimnisvolle Welt ein, die in den letzten Jahrhunderten kein Mensch mehr betreten hat. Je tiefer sie kommen, umso rätselhafter wird es. Eine schwarze metallene Platte versperrt plötzlich den Weg. Niemand der Anwesenden ahnt, dass sie bald etwas zu sehen bekommen, das all ihr Wissen über die Entwicklung der Menschheit über den Haufen werfen und ihre Rätsel endlich erklären würde. Uralte Zivilisationen berechneten einst detailliert die Umlaufbahnen der Planeten. Die Pyramiden von Gizeh waren auf den Millimeter genau auf die Gürtelsterne des Orion ausgerichtet. Unzählige Erfindungen und Entdeckungen passen nicht in die Weltgeschichte. WER hat all dieses Wissen vermittelt? Ein spannender Science-Fiction-Roman um die Mysterien der Erde mit einer Atem beraubenden Auflösung.

Paperback mit 296 Seiten, Preis: 12.95 €,
ISBN: 9783987271205

Hatten Tiere die besseren Seelen? Sie waren freundlich zu mir, wenn ich gut mit ihnen umging. Und das tat ich immer. Nun hatten wir also ein Rehkitz zuhause. Es war noch zu klein, um selbst zu fressen. Hätten wir es jetzt schon wieder ausgesetzt, wäre es verhungert. Bald kam es zutraulich auf uns zu, um seine Flasche Milch zu leeren … John Barns verbringt seine Kindheit und Jugend auf dem elterlichen Bauernhof inmitten ländlicher Idylle. Aufgrund eines körperlichen Gebrechens jedoch muss er Hohn, Spott und Gewalt ertragen. Umso mehr wendet er sich den Tieren zu. Ob mit Hunden oder Katzen, Schwalben oder Pferden, mit jedem von ihnen verstand er sich gut. Ein Bussard wurde sogar sein bester Freund und beschützte ihn. In diesem Buch erzählt er ihre Geschichten. Ein einfühlsames Buch über unsere tierischen Gefährten und auch außergewöhnliche Begegnungen mit besonderen Tieren.

Paperback mit 148 Seiten, Preis: 11.95 €,
ISBN: 9783987271885